树木希林
生活哲学

80 WORDS
成就
美好人生

[日] 桑原晃弥 著
周征文 译

图书在版编目（CIP）数据

树木希林生活哲学 /（日）桑原晃弥著；周征文译. —北京：东方出版社，2025.3. —ISBN 978-7-5207-4123-1

Ⅰ. K831.357.8-49

中国国家版本馆 CIP 数据核字第 2024777J8X 号

JIBUN RASHII IKIKATA WO TSURANUKU
KIKI KIRIN NO KOTOBA
Copyright ©2022 by Teruya KUWABARA
All rights reserved.
Illustrations by Shiori HASEGAWA
First original Japanese edition published by Liberalsya, Japan.
Simplified Chinese translation rights arranged with PHP Institute, Inc.
through Hanhe International (HK) Co., Ltd.

本书中文简字体版权由汉和国际（香港）有限公司代理
中文简体字版专有权属东方出版社
著作权合同登记号　图字：01-2024-3426号

树木希林生活哲学

SHUMU XILIN SHENGHUO ZHEXUE

作　　者：	[日]桑原晃弥
译　　者：	周征文
责任编辑：	贺　方
出　　版：	东方出版社
发　　行：	人民东方出版传媒有限公司
地　　址：	北京市东城区朝阳门内大街 166 号
邮　　编：	100010
印　　刷：	北京明恒达印务有限公司
版　　次：	2025 年 3 月第 1 版
印　　次：	2025 年 3 月第 1 次印刷
开　　本：	787 毫米 ×1092 毫米　1/32
印　　张：	6.125
字　　数：	106 千字
书　　号：	ISBN 978-7-5207-4123-1
定　　价：	54.00 元
发行电话：	（010）85924663　85924644　85924641

版权所有，违者必究

如有印装质量问题，我社负责调换，请拨打电话：(010) 85924602　85924603

前言
人生在世，活出自我

自树木希林于 2018 年 9 月辞世之后，不少电视台和杂志都推出纪念节目和特辑，大量介绍她在世时的名言。不久之后，数部冠以"树木希林"之名的图书出版，且皆冲上日本图书销量排行榜前列。树木希林的名言由此成为许多读者自我鼓励和治愈创伤的精神良药。

在日本，颇具影响力的知名演员不在少数，但能像树木希林这样在去世后掀起热潮的，她应该是头一个。那么问题来了——为何她能获得如此多的拥趸，言语又如此打动人心呢？

我当年第一次在电视上看到树木希林，是在森繁久弥主演的电视剧《七个孙子》里（树木希林当时的艺名还是悠木千帆），但令我印象深刻的，还要数她在电视剧《到时间了》

和《寺内贯太郎一家》中的表现。与如今不同，在那个时代，电视是家家户户客厅娱乐的绝对霸主，而有资格出演电视剧的，无疑个个都是明星大腕儿。

而树木希林却散发着一种不同于其他影视明星的气质，该特征令人记忆深刻。她曾坦言，自己的确算不上"美女演员"。不仅如此，在《寺内贯太郎一家》中，当时只有30多岁的她饰演剧中的金老太（剧中角色的名字是"寺内金"。——编者注），该角色被饰演她孙子的西城秀树称为"脏兮兮的奶奶"。但她饰演的这位爱刁难人却又如漫画角色般滑稽灵动的金老太，以及她在《到时间了》里饰演的澡堂员工阿滨（与影星堺正章先生所饰演的角色之间有精彩的对手戏），都是这些剧中不可或缺的角色。如今，像她这样的老戏骨应该会被誉为"黄金配角"，但当时并无这样的叫法。

后来树木希林相继出演了许多电视剧、电影和广告，最终成为人气演员，也确立了自己"名角"的圈内地位。而在与她有过接触的人中，有不少人都感受到她有一种"独一无二"的气质。在访谈对话录《树木希林：如此珍贵的我》（朝日新书社出版）一书中，采访树木希林的石飞德树后来感叹道："我感觉树木希林一直在走别人不走的路。"在我看来，这正是她的魅力所在。

而让这种"不走寻常路"得以实现的主要原因，则是她"不与他人比较"的活法。人生在世，人几乎都会或多或少有自卑感。这种自卑感本来有"激励自身努力和成长"的正面效果，但有时也会导致人沮丧气馁，从而阻碍个人的成长发展，甚至成为伤害他人的触发器。

许多人老是喜欢和他人比，或者十分在意别人对自己的评价和看法。可若是一味执着于此，则绝非良性之举。正如父子抬驴的故事，如果一味被别人的批评牵着鼻子走，就会丧失自我。此外，总是与他人比较，并由此评判自我，也无益于自身的成长。

当然，在这种风气下，也有人会对此厌倦，从而偶尔心生"活出自我"的想法，但在现实中却仍然在意别人的眼光和评论——这是非常痛苦的。而树木希林那难以名状的魅力，正源于"摆脱这种束缚和枷锁，并忠实于内心、活出自我"的人生态度。

树木希林曾坦言，从自己上小学参加游泳比赛起，她便悟到了"不必与他人比较"的道理，且自那以后，她一直贯彻这样的人生态度。她身处的影视娱乐圈尽是比人气高低、片酬多少以及获奖多少等，因此，"与他人比较"可谓是绕不开的话题。可即便如此，她依然贯彻"自己评价自己作

前言

品"的态度,至于别人的评价,她表示:"并不在意。"

对于自己已经拍过的片子,她会扔掉剧本,不会再去纠结。因为一旦在意别人怎么看自己,就难免心生"希望别人称赞自己""希望别人看高自己"的欲望,从而在意"自己在别人眼中形象如何"。如此一来,就不可能活出自我。

当今由于社交网络发达,人们会频繁地接触到别人的意见和看法,从而对其变得过于在意。对此,我们要明白"如何活出自我"才是关键。假如依然感到迷惘,不妨翻阅本书所介绍的树木希林的箴言珍语。这些箴言珍语,是她本人一生不与他人比、不束缚自身,追求自我、活出自我的精神体现。

若本书能为各位读者当下的人生带来支撑,便是本人无上之荣幸。

在执笔本书的过程中,我得到了自由社(出版公司)的伊藤光惠女士、安田卓马先生和仲野进先生的鼎力相助。在此致以衷心感谢。

桑原晃弥

目录

第一章　忠于自我的活法

① 不归咎于他人，自我承受　/ 002
② 认真生活，应对意外　/ 004
③ 人生，一切都是最好的安排　/ 006
④ 不与他人比较，找到属于自己的幸福　/ 008
⑤ 勿贪求，活轻松　/ 010
⑥ 不随波逐流，凡事自己决断　/ 012
⑦ 为欲所困，则难持信念　/ 014
⑧ 不与他人比，活出我自己　/ 016
⑨ 受人评价，应有警觉　/ 018
⑩ 牢记"前途迷茫，痛心疾首"的经历　/ 020
⑪ 不逃不藏，坦荡展现　/ 022
⑫ 金钱财富，皆有限度　/ 024
⑬ 客观审视自我和他人　/ 026
⑭ 不做无根之花　/ 028

目录

⑮ "花别人的钱"也要节约　/ 030
⑯ 活得充实，活得明白　/ 032
⑰ 感谢当下，尽力而为　/ 034

第二章　演员的活法

⑱ 平日观察，有助演技　/ 038
⑲ 深入思考，才能演好戏　/ 040
⑳ 演好平淡无奇，方见演技功力　/ 042
㉑ 莫想太多，简单处事　/ 044
㉒ 正确定位，方能成长　/ 046
㉓ 不过度期待，不骄傲自满　/ 048
㉔ 以世间为乐　/ 050
㉕ 获奖不骄，没奖不妒　/ 052
㉖ 莫纠正错误，要盘活错误　/ 054
㉗ 敢言问题，方得信任　/ 056
㉘ 有话别忍着，但要上保险　/ 058
㉙ 莫悔恨过去，应思考将来　/ 060
㉚ 转换视角，把"不好"变为"好"　/ 062
㉛ 非自己的戏份，亦要理解　/ 064

第三章　与人共处的活法

㉜ 如实接受自己与他人　/ 068

㉝ 拼命努力生活，方能过得精彩 / 070
㉞ 若欲求善缘，先改变自己 / 072
㉟ 决不逃避，敢作敢当 / 074
㊱ 看人看优点，莫纠结缺点 / 076
㊲ 知道相处难，方能变成熟 / 078
㊳ 子女并非父母的“门面”和装饰 / 080
㊴ 和无聊的日子说再见 / 082
㊵ 发现才能，成就他人 / 084
㊶ 巧用言语之力 / 086
㊷ 既然不可控，便不必烦恼 / 088
㊸ 己之死状，示于儿孙 / 090
㊹ 在临终之际，念对方的好 / 092
㊺ 一味指责，并无意义 / 094
㊻ 步入社会才受挫，不如先在家中受挫 / 096

第四章　与物共处的活法

㊼ 莫弃物，应使其发挥作用 / 100
㊽ 与其拥有大量物品，不如提升审美能力 / 102
㊾ 不用讲究饮食，而应感谢 / 104
㊿ 房产和土地并非“自有”，而是“借用” / 106
(51) 贯彻“买得起却不买”的方针 / 108
(52) 追求实用之美 / 110

目录

㊺ 物尽其用，不必多买 / 112

㊻ 不收礼，需毅力 / 114

第五章　与老共处的活法

㊺ 感恩有事做，努力去生活 / 118

㊻ 莫在意年龄，应活出自我 / 120

㊼ 面对衰老，坦然接受 / 122

㊽ 拥抱衰老，以老为趣 / 124

㊾ 衰老不是人的真实状态 / 126

㊿ 客观俯瞰老去和病患 / 128

㉑ 不追求"一时之美" / 130

㉒ 想成为"面相温和且威严"的老太太 / 132

第六章　与病共处的活法

㉓ 莫懊悔失去，应珍惜所有 / 136

㉔ 莫嗟叹病痛，应着眼益处 / 138

㉕ 体尽其用，可谓福 / 140

㉖ 脱离"健康是好，疾病是坏"的二元论 / 142

㉗ 不弃明日，过好今日 / 144

㉘ 自己处理身后事，乃成人之责任 / 146

㉙ 消极的言语，转换为积极的言语 / 148

㉚ 不逃不斗，与癌共存 / 150

㊅ 不摆谱，活得洒脱　/ 152

㊆ 接受死亡，才能懂得如何好好活着　/ 154

㊇ 不说教，做自己就好　/ 156

㊈ 希望无论生与死，皆擅长　/ 158

第七章　人生的要点

㊉ 短处亦可解读为长处　/ 162

㊀ 不依赖他人，独立思考　/ 164

㊁ 了解人性，乐于工作　/ 166

㊂ 知人人有别，方能解人意　/ 168

㊃ 不在意别人眼光，只努力活好自己　/ 170

㊄ 逼自己笑，驱散烦恼　/ 172

参考文献一览　/ 174

附录　树木希林箴言　/ 176

第一章 忠于自我的活法

WORDS OF
KIRIN KIKI

WORDS OF KIRIN KIKI 01

不归咎于他人，自我承受

若抱有"自因自果"的想法，
便不会发牢骚和抱怨。

包括人际关系在内,人生不如意事十有八九。这导致不少人会发牢骚和抱怨,比如"要是经济景气点儿多好""要是丈夫多赚点儿多好""要是孩子出息点儿多好"……但树木希林的女儿内田也哉子曾说:"自己的母亲从不发牢骚和抱怨。"

从旁人的视角来看,树木希林的人生绝对算不上一帆风顺。他那身为歌手的丈夫内田裕也时不时会惹出麻烦,而即便二人长期过着分居生活,作为妻子的她仍然甚为操心受累,女儿几乎也是由她独自抚养长大。而到了后半生,她一直在与病魔作斗争。在这种遭遇下,换作普通人,恐怕大多数都会发牢骚和抱怨。可正如女儿所言,树木希林从无怨言。

树木希林有句名言——若抱有"自因自果"的想法,便不会发牢骚和抱怨。

在她看来,"人若是一味把错误归咎于别人,便很难成熟"。因此她指出,无论发生什么,无论结果如何,只要有"全部由自己承受"的觉悟,就不会发牢骚和抱怨,而会思考"接下来该怎么做"。

WORDS OF KIRIN KIKI 02

认真生活,应对意外

人生每日皆无常。
一旦出现状况,只能接受和面对。
为此,关键要认真踏实地过好每一天。

在制造行业，对待灾害和事故的原则是"事无小事"。其意思是，碰到大事时是否能冷静应对，取决于微小事故发生时的应对方式。换言之，若能在平时本着平常心和认真态度，把分内工作彻底做到位，那么一旦碰到大事，就能沉着应对。反之，若是平时就散漫懈怠，碰到大事就会手忙脚乱、不知所措。

再说回树木希林，她平时出门工作时，不带形象助理，化妆和服装等全都是自己打理。有一次，她应邀接拍某杂志的封面照，按照杂志社的企划，封面照是男影星桥爪功与她的合影，因为两人当时一同出演了电影《比海更深》。拍摄当日，由于树木希林在完成其他工作后就要直奔成田机场，所以她只准备了一身黑色洋装。可到达拍摄现场后，杂志编辑希望的装束是"有春天气息的服饰"。

树木希林二话不说，立即在桥爪功的形象助理为桥爪功准备的备用服装中挑选了一件。而她挑的那件衣服，完全符合编辑提出的"春日概念"。换作普通艺人，上述小插曲足以令其慌乱。可对于平日就在形象打理方面自力更生的树木希林而言，这并非什么艰巨任务。可见，人生的确常常伴随着意外。而在她看来，为了处变不惊，就必须"认真踏实地过好每一天"。

WORDS
OF
KIRIN
KIKI

03

人生，一切都是最好的安排

人生当然不可能如自己计划的那般顺遂。

除去暑假计划之外，为人生和事业所制订的计划，往往都很难完全顺遂。或许因为如此，有位企业家的话令人印象深刻，对于企业经营成功的秘诀，企业家说道："关键不是'计划是否实现'，而是'如何抓住突如其来的机遇'。"

树木希林当年在父亲的建议下，立志成为一名药剂师。可在参加考试前，她突然因骨折而无法应考，再加上一些其他原因，她最终决定放弃考医药大学。之后的某一天，她偶然看到了报纸上的一则招生启事，招聘单位是"文学座"剧团的附属话剧研究所，于是她前去报考。在考场的当天，她发现周围的应考者都打扮得花枝招展，只有她朴素地穿着一身校服。因此在被录取后，她简直不敢相信。这一连串的偶然，开启了她的演艺之路，可见人生实在是奇妙。

树木希林指出，之所以产生诸如"怎会这样？！""不该这样！"之类的感受，其实是因为现实与自己当初的目标或憧憬不同，对自己产生了冲击。但在经过人生历练后，她坦言，自己已不会如此。

因为她早已明白"人生当然不可能如自己计划的那般顺遂"。她还强调道，若能时刻懂得"一切都是最好的安排"，就既不会长吁短叹，也不会怨天尤人。

WORDS OF KIRIN KIKI 04

不与他人比较,找到属于自己的幸福

幸福并非现成的,
关键要靠自己找。

在日本，人们把生于1981年之后、成年于2000年之后的一代人称为"千禧一代"。这代人的特征包括：①比起物质富足，更追求精神富足；②对于社会贡献程度较高的工作抱有兴趣……这与之前普遍"想出人头地""想发财致富"的"打拼一代"的思想截然不同。

那么问题来了，二者之中，哪一代人的活法更幸福呢？在树木希林看来，人们对于"幸福"的定义千差万别。她曾指出，"幸福并非现成的，关键要靠自己找"。换言之，哪怕在旁人眼中过的是"朴素乏味的日子"，只要本人乐在其中、感到幸福，那么就可以得出"此人人生灿烂、生活幸福"的结论。

树木希林的信条之一是"不与他人比较，独立思考，自我负责和独立行动"。可见，人生在世，不要一味与他人比较。在比较中获得的优越感也好，从中心生的羡慕也罢，其实都不重要。只要在做自己喜欢的事，并从中获得乐趣，便大可不必被别人的价值观牵着鼻子走。而唯有如此，才能找到自己的幸福。

WORDS OF KIRIN KIKI 05

勿贪求，活轻松

有自知之明，懂适可而止，
亦是人生智慧。

被誉为"日本资本主义之父"的涩泽荣一生前曾管理多家企业的经营事务,但他本人把财富看得很淡,并把"钱财莫多持,工作须愉快"作为信条。他的理由是"人的欲望无边无界",发了小财,便想发大财;看别人存款多,自己就想更多——这种如虎狼般的贪欲,最终不但害己,而且误国。

再说回树木希林,对于这种贪欲的恐怖之处,她曾感言:"欲望如雪,越是积得深,就越会让人迷失。"

如果一个人的生活方式是"不断地与他人比较",那么碰到比自己富的,就会心生嫉妒;碰到比自己穷的,又会优越傲慢。

而树木希林则不同,她不被这样的贪欲摆布,而是抱着"大家活得轻松点儿该多好"的思想。她曾强调:"勿过于贪求,因为欲望无止境。哪怕做不到事事知足,至少也要有自知之明,懂适可而止——这亦是一种人生智慧。"

WORDS
OF
KIRIN
KIKI

06

不随波逐流,凡事自己决断

要坚持独立思考,

莫被所谓"世间思潮"左右。

当今网络社会的一大特征是"流行趋势瞬时传播"。对于"现在热卖什么""现在流行什么""现在的主流思潮是什么"之类的信息，人们能够即时获取。其中，有人因为害怕"落伍"而拼命追赶流行和热门，但树木希林则不同，她的信条是"要坚持独立思考，莫被所谓'世间思潮'左右"。

而她实践该信条的典型实例之一，便是她对自己癌症治疗方式的选择。起初在家人的建议下，她尝试了激素疗法，结果出现了不良反应，身体每况愈下。于是她开始自己查找各种治疗方式，最终选择了位于鹿儿岛市的"UMSOC诊所"的放疗法。她的理由是"如果为了治疗，搞得自己每天都非常痛苦，那么治疗的意义也不复存在。自己不希望降低生活质量"。

据她的主治医师镰田实后来回忆，树木希林虽然会听取专家的意见，但她从不把自己的治疗方案全权委托给他人，而是自主选择最适合自己的治疗方式。换言之，不随波逐流，时刻独立思考、自己决断——这便是树木希林的活法。

WORDS OF KIRIN KIKI 07

为欲所困，则难持信念

有人说我可怕，
大概是因为我了无贪欲。

从年轻时起，树木希林就是个直言不讳的人，且无论对方是何人，她皆是如此。有一次，在拍摄一部某电视台投资的电视剧时，导演只顾低头看剧本，从"预备，开始！"到"这段结束，OK！"的整个拍摄过程中，他连头都不抬一下。当时，作为剧组演员的树木希林走到导演跟前问道："刚才那段为什么可以了？"导演慌忙应对道："那就重拍一遍。"树木希林再问道："重拍的话，哪里需要改进？"结果导演又说："那就这样吧！"

那位导演后来当上了那个电视台的老总。不过树木希林在回忆上述往事时直言道："（当时）我撑他是应该的。"不是说这种处事风格能给自己带来什么特别的好处，只是她从年轻时起就秉承这样的态度——无论对方是谁，她都会直言不讳。

对此，有人评价树木希林为"可怕之人"，而她本人毫不介意。在她看来，有人说她"可怕"，大概是因为"自己了无贪欲"。

人一旦有了欲望，就有了弱点。而树木希林没有这样的欲望，她最关心和在意的只是"作为人，该如何活着"。而手握权力的人最害怕的，其实就是像树木希林这种"无欲之人"。

WORDS
OF
KIRIN
KIKI
08

不与他人比,活出我自己

通过"泳池赛跑"的经历,
我明白了自己"不喜与他人比"的性格,
以及"不必与他人比"的道理。

绝大多数人都或多或少会抱有自卑的心理，非常喜欢与他人比较，且十分在意他人对自己的评价。这种心态的问题在于，一旦自己所比较的对象极为优秀，就容易使自己气馁放弃，觉得"自己再怎么努力也是徒劳""反正还是赢不过人家"。

树木希林在小学6年级时，有一件事令她颇为受益。当时，她所在的小学举办全校游泳比赛，全体学生皆要参加。比赛项目各式各样，包括自由泳和蛙泳等。相关项目的擅长者自然会参加，这自不必说，可像她这种完全不会游泳的学生，由于没有参加标准项目的资格，最终只能被划到低年级的"泳池赛跑"（参加者在泳池的水中赛跑，水位很浅，一般过膝但不及腰。——编者注）的项目。

该项目的参加者中，只有她一人是高年级的学生，所以她获得了第一名。虽然周围人对此不服，觉得"这家伙纯粹捡了个便宜"，但她本人当时并不感到难为情，而是惊觉"原来这样也能成为第一"。

换言之，她认识到，不用与自己同年级的学生比较，人不必因为擅长游泳而得意扬扬，也不必因为不擅长游泳而烦恼不已，只要"做自己能做的"即可。她后来感叹道，上述经历让她懂得"不用与他人比较"，自那以后，她觉得自己活得"轻松了许多"。

WORDS OF KIRIN KIKI

09

受人评价，应有警觉

获得"优等生图章"后，有变得短视狭隘之虞，
因此必须放松心态，学会多角度看待事物。

树木希林当年就读千代田女校时，曾被选为"全校优等生"。当时全校只有两名学生能获得这项荣誉。在被授予作为荣誉证明的"优等生图章"时，班主任对她说了这番话——"获得'优等生图章'后，有变得短视狭隘之虞，因此必须放松心态，学会多角度看待事物"。当时的她只答道："明白了"，但后来她回忆时感叹道："班主任的这番话，一直深深烙在我的心底。"

不管什么奖项，得奖都是令人欣喜之事。可人在获得巨大荣誉后，有人会妄自尊大而迷失自我，有人会被荣誉所累而无法继续发挥自己的才能。被誉为"世界级盗垒王"的棒球巨星福本丰当年拒绝接受日本政府颁发的国民荣誉奖，而他拒绝的理由竟是"（获奖后）我就不敢再随地小便了"。福本这种婉言谢绝荣誉的做法，体现的是他"一定要活出自我"的态度。

树木希林于 2014 年被授予旭日小绶章（*日本政府颁发的一种荣誉表彰，授予对国家公共事业做出卓越贡献的社会名士。——编者注*）。她自己起初打算拒绝，但她丈夫内田裕也对她说："别啰唆，去拿奖！"这句话让她决定去接受这一荣誉。而在获得旭日小绶章当日，记者请她给年轻晚辈们讲几句。结果她说道："受人评价有风险。"可见，树木希林完全遵循了当年女校班主任的箴言，做到了"获奖之后不得意忘形、不短视狭隘，而是放松心态，学会多角度看待事物"。

WORDS
OF
KIRIN
KIKI

10

牢记"前途迷茫，痛心疾首"的经历

迷失目标的确是件痛苦的事。
但在人生的转换期中，
这样的经历亦是必要的。

树木希林之所以走上演艺之路，缘于当年"命运的捉弄"。她小时候不善言辞，但学习成绩一直较为优秀。前面也提到，在初高中直升的千代田女校，她曾被选为"全校优等生"，当时全校只有两名学生获得这项荣誉。

至于高中毕业后的打算，她父亲对她说："你这种张狂的丫头，以后就算结婚也会马上离婚，为了有口饭吃，我劝你考个专业资格，有一技傍身。"在父亲的建议下，她决心报考医药大学。可由于不擅长数学，她虽然填报了几所大学的志愿，也进行了复习，但还是觉得没戏，于是心生放弃的念头。

就在那段时期，她父亲去北海道的夕张市旅游，她也跟着去了。在旅游度假地，作为"菜鸟"尝试滑雪的她，竟把腿摔骨折了。这导致她既无法参加高中毕业典礼，也无法参加大学入学考试。其间，她饱尝了一种"独自一人被抛下的感觉"，直到晚年回顾过往时，她依然感叹"那段孤独和绝望的日子难以忘怀"。骨折后的她在家养伤，整整两个月无法出门。前面也提到，她当时偶然在报纸上看到的剧团招生启事，开启了她的演艺之路，这完全是她预想之外的机遇。对此，她感叹道："在人生的转换期中，像这种'在家迷惘两个月'的经历是必要的。"

WORDS OF KIRIN KIKI

11

不逃不藏，坦荡展现

你越是藏着掖着，别人越想窥视。
反之，若是大大方方给别人看，
别人便会就此打住。

被誉为"世界第一投资家"的沃伦·巴菲特曾告诫自己的子女:"无论处于何种情况,都不可说假话。只要不藏着掖着,把自己看到的和听到的如实道出,就肯定不会陷入麻烦的旋涡。"

前面也提到,树木希林的丈夫内田裕也经常惹事,有时甚至会闹出周刊和电视专题节目争相报道的状况。而每次出现这种状况,作为妻子的树木希林从不隐瞒和逃避,而是主动请记者来采访。她的理由是"你一逃,别人势必会追"。反之,若是"坦荡地主动和盘托出",那么对方一般都会就此打住。

树木希林还曾坦言,演员是"把自己彻底暴露在观众面前"的人,因此十分吃亏,但她也指出:"自己也有一点收获",那就是"通过暴露和展示自己,自己学会了客观看待自己",而这能使自己在面对危机时冷静判断"该如何应对"。总之,越是藏着掖着,越是会勾起别人的窥探欲;而若是诚实坦荡地告知和展露,别人反而不会继续缠着不放。树木希林深知媒体和群众"爱看热闹",因此有了上述心得。由此可见,她亦可谓是"危机管理的高手"。

WORDS OF KIRIN KIKI

12

金钱财富，皆有限度

一个人从生到死正常能花掉的金钱数额有限，因此大可不必盲目追逐。

据说树木希林拥有多套房产，她本人曾吐露："比起看剧本，我更爱看房产信息"，可见她对房产的关注程度非同寻常。此外，据说在接戏时，她看重的是拍摄方邀约她的时间先后以及片酬高低。

这大概会让人感觉她是个"十分执着于钱财之人"，可事实并非如此。当年她参加一部电影的宣传纪念活动。在活动现场，她坦言自己是零片酬拍摄这部电影，并说道："无偿负担轻，我觉得也挺好。"此片开拍之前，制作人曾对她说："只付得起微薄的片酬。"对此，据说她当时笑着答道："没关系，我能在其他片子里赚钱。"对于房产，她也曾说道："我从不指望靠房产能大赚。"

对于钱财，她亦曾指出，"金钱财富，皆有限度。有的人偶尔致富，却不懂此理而无尽地希求更多。其实一个人从生到死正常能花掉的金钱数额有限，因此大可不必盲目追逐"。

可见，对树木希林而言，金钱并非用来奢侈挥霍的资源，而是让自己自主自立、听从内心、发展爱好、畅所欲言的保证。

WORDS
OF
KIRIN
KIKI

13

客观审视自我和他人

正因为姿色一般，
所以别人不会主动接近我，
这使得我能够自由观察和判断别人。

当年树木希林进入"文学座"剧团时,日本大众对女演员的普遍看法是"必须是美女"。对于自己的容貌,树木希林自认为"普通",同时她也承认"自己的姿色不符合当时人们对女演员的要求"。她还说道,当年出演舞台剧时,有时她也会因角色的定妆要求而打扮得光鲜靓丽,刹那间觉得自己"今天算是美女吧",可对着镜子仔细一看,发现自己"绝对算不上"。

对演员而言,相貌平平应该算是弱势,但树木希林一直认为任何事物都有正反两面。在她看来,女人相貌平平的好处在于"不会看走眼"。

所谓"不会看走眼",即"对方的实际情况和特质与自己最初的判断相符"。而她曾坦言,自己能做到这一点,是由于"自己姿色一般,所以别人不会主动接近我,这使得我能够自由观察和判断别人"。

据她说,从童年起,她就一直注意观察他人,而在成为演员后,该特质也成为她的一大"武器"。得益于这种"看人准"的敏锐能力,包括丈夫内田裕也在内,她人生中的许多邂逅,都是她观察和判断后的结果。

WORDS OF KIRIN KIKI

14

不做无根之花

若不扎根于地,
花就不会盛开和凋谢。

当年史蒂夫·乔布斯被苹果公司"扫地出门"后，创立了新公司"NEXT"。当时 NEXT 的业绩不佳，在被记者问到这一点时，乔布斯反驳道："运营 NEXT，就像在种植一棵橡树，要想让它将来长成参天大树，就需要先培养它粗壮的根茎，而这就是我们目前在做的工作。"此话不假——后来他回归苹果公司后，NEXT 所积累的技术和培养的人才，对后来 iPod 和 iPhone 的诞生起到了重要作用。

在与作家桥本治的对谈中，树木希林强调"唯有踏实扎根之人，才不会被淘汰"。不仅是影视娱乐圈，纵观各个领域，都有不少"灿烂绽放，光荣落幕"的名人。树木希林谦虚地称自己"连不结果的谎花都算不上"，从而激励自己和他人"即便自己不够优秀，也要坚持每日努力积累，如此让自己深深扎根，才能美丽地盛开和优雅地凋谢"。

总之，无论什么花朵，都不可能突然凭空盛开。唯有有根、有茎、有叶，花才会盛开和凋谢。而树木希林的意思是，一个人切不可做如剪下的花般空虚无实的"无根之花"。

WORDS OF KIRIN KIKI

15

"花别人的钱"也要节约

我不认为"因为宣传方承担费用就可以铺张浪费",但若叫我不花宣传方的钱而自掏腰包,我也是不愿意的。

不仅对自己的钱,哪怕是别人的钱,树木希林也一直杜绝浪费。

在被诊断出癌症后,她每次碰到自己年轻时"狠撑过"的人,都会向其道歉。至于理由,她曾打趣道:"道歉既不费力也不花钱,对于我这个吝啬鬼太合适了。"而当年在东京西麻布地块购置土地时,她的好友美轮明宏(日本老牌歌手兼演员——编者注)先为她推荐了一位擅于"埋井通气"(埋井通气是日本的一种习俗,认为土地上不用的老井填后需要进行一系列以"通气"为目的的驱邪施法,他们认为老井中可能有神灵,把井填了之后,不可影响他们的呼吸。——编者注)的高僧,可后来别的熟人告诉她"自己住的土地,最好是自己诵经驱邪"。于是她就决定自己搞定。事后,她说这是"吝啬带来的收获"。

事事都不愿浪费的树木希林,在工作方面亦是如此。在出席电影宣传等活动时,她从不找形象助理和发型师,全都自己打理。至于理由,她曾说道,一是"不想给宣传方增加多余的负担",二是"自己弄效率更高"。对于像树木希林这般知名的演员,宣传方在费用预算方面自然不会吝啬,但对于平时就从来不带形象助理和发型师的树木希林而言,并不会"因为宣传方出钱就铺张浪费"。

可见,无论于公于私,在金钱方面,她都一直节约自律。

WORDS OF KIRIN KIKI

16

活得充实，活得明白

我其实并非寡欲，
只是欲望与别人不同。

树木希林一直过着简单节约的生活，且坚持尽量不买多余的东西。在衣食住行等方面，除了"住"之外，她几乎没有物欲。而在作为自己主业的演艺方面，她也是清心寡欲、不争不求。她出演的电影《澄沙之味》的海报上有句宣传语——"你是否有未实现的遗憾之事？"有一次，记者用这句话问树木希林，结果她答道："没有。因为我这人原本就寡欲。"

不仅如此，她与自己丈夫和女儿之间的距离感亦可谓绝妙——她既不整天黏着女儿，也不会因为分居中的丈夫内田裕也惹出麻烦而发怒追究。至于她为何能做到如此恬淡，在一次与濑户内寂听大师的对谈中，她坦言："我其实并非寡欲，只是欲望与别人不同。"

她接着说道，自己所追求的并非被丰富物质所包围的生活，也非作为演员的名誉和名声。她希望在自己临终时能坦然地说："承蒙上天关照，我这辈子十分有趣，我十分满意。"可见，树木希林所追求的，是成为活得充实和明白的"精神富足者"，而非物质、名誉以及形式层面的爱。

WORDS OF KIRIN KIKI

17

感谢当下,尽力而为

莫要贪得无厌,
莫要不满,
莫要偏执。

日本有句谚语叫"邻居家的草坪更绿",其意思是,比起自己拥有的,别人拥有的往往看起来似乎更好。许多人总爱方方面面与周围人比较,从而觉得"不应该这样"或者"应该那样才对"。这种不满和偏执,会让人心生怨念和嫉妒。此外,有的人还会无谓地空想"如果当时那样就好了",从而怨恨无法重来的过去,进而对自己当下的处境感到不满。

对于上述现象,树木希林认为,"世间似乎不公,但人人都背负着自己的问题和痛苦。作为个体,关键应该学会在自己的人生中发现微小的喜悦和希望"。

前面也提到,树木希林一向只走自己的路,不喜与他人比较。在查出癌症之后,她愈发豁达,觉得"自己现在的生活状态已是奇迹,应该感恩才对"。

树木希林认为,人抱有"希求更多"的上进心很正常,但莫要好高骛远,而应感恩当下,并思考和审视自己当下能做之事和应做之事,然后在此基础上不断努力追求自己的目标和梦想。

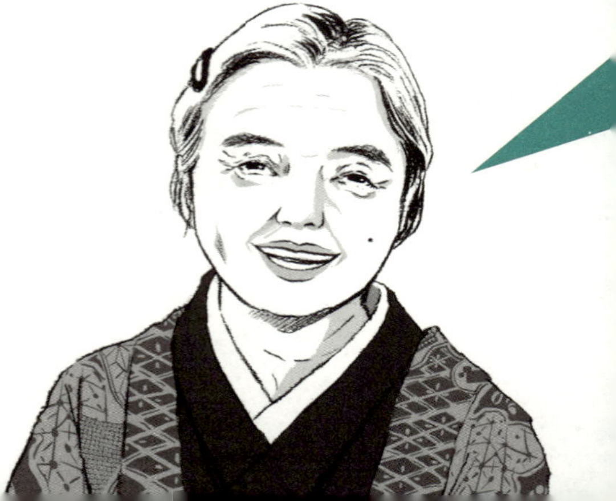

第二章 演员的活法

WORDS OF
KIRIN KIKI

WORDS
OF
KIRIN
KIKI

18

平日观察,有助演技

在我看来,
但凡优秀之人,
似乎皆注意观察别人。

一个人要想提升自己的创造力和思考力，不可或缺的前提能力之一是"观察力"。树木希林曾说，她视为恩师的知名演员森繁久弥也好，其他的演员和剧作家也罢，"但凡优秀之人，皆注意观察别人"。

而她坦言，自己打小就喜欢仔细观察别人。在学校时，她从不是那种"集体里的中心人物"，总是处于角落位置，静静地观察周围人的神色和举动。而在她后来首次出演的电视剧《七个孙子》里，这种从小养成的习惯发挥了很大的作用。

如树木希林上述所言，该剧的主演森繁久弥平日就注意仔细观察别人，并会把自己的所见所得融入自己的表演。而树木希林亦是如此——她喜欢观察别人，且非常乐于"把观察所得通过自己的形体表演出来"。如此意气相投的二人，在剧中的互动获得了观众的好评。树木希林所扮演的角色起初安排的戏份极少，而在该电视剧播出后，她的角色的戏份越加越多。

有趣的家庭情景剧的灵感和剧本往往源于对普通人日常生活中的亮点和笑点的观察积累，而演员的演技也并非一日练成的。树木希林曾说："若不靠平日多方面的观察，便演不好戏。"事实上，不仅限于演艺领域，但凡富有创造性和解决问题型的工作，都要以"平日的仔细观察"为基础。

WORDS OF KIRIN KIKI

19

深入思考，才能演好戏

我总是在思考："这个角色为何会变成这样？这个角色曾在何种环境下成长？"

剧作家仓本聪曾坦露，自己在写剧本之前，会先详细制作每个剧中人物的"履历书"，其内容包括该人物的人生经历、思维方式的形成契机等。

而已故知名老戏骨笠智众亦类似。据树木希林回忆，笠智众虽然常常饰演乍一看"都差不多"的大爷类角色，但在看剧本时，他都会思考和联想所饰演角色的内心世界以及人生经历等。换言之，乍一看演的都是大爷，但其实他对每个大爷角色都有细致入微的人物塑造。

而树木希林自己亦是如此。在与森繁久弥合演《七个孙子》之后，她就养成了对角色分析思考的习惯，比如"这个角色为何会变成这样？""这个角色曾在何种环境下成长？"。在她出演的电影《再见，我的朋友》中，基于对自己所演角色"原生家庭缺乏教养"的分析，她主动加入了一场戏——在弟弟（松田优作饰演）面前，她只穿一条内裤，毫不介意地在屋里走动。

可见，为了演好电影或电视剧中的角色，演员还需要思考剧本中未写的该角色的背景——这便是树木希林的表演风格。

WORDS OF KIRIN KIKI

20

演好平淡无奇，方见演技功力

在我看来，演好"稀松平常的行为"反而困难。

前面提到的笠智众，可谓是知名导演小津安二郎每部电影不可或缺的"御用演员"，他还有"日本国民大爷"之美誉。至于其演技风格，绝对称不上华丽，有时甚至让人感觉"他自然得根本不像在演戏"，这种"在银幕上淡然展现日常生活"的风格，是他广为人知的表演特色。

在外行看来，"展现日常生活"的表演似乎挺简单，但在树木希林这样的内行看来，诸如"喝茶""打水"之类的日常生活情节，其实是最难演的。她还指出，诸如"被杀"或者"杀人"之类的戏剧化情节，由于大多为日常生活中不会出现的情况，因此演员即便通过不太成熟的表演，也能演出真实感；反之，要想在稀松平常的生活场景中展现出剧中人物"性情急躁""爱刁难人"之类的性格特征，则是非常困难的。

为了实现该目标，树木希林认为，演员必须认真过普通人的生活。她曾说道："我平日都是乘坐电车和地铁出行，也办了月票。"也许正是这种接地气的生活作风，才让她能演好普通人在普通生活中的悲与喜。

WORDS OF KIRIN KIKI

21

莫想太多，简单处事

我在接戏时，
单纯看拍摄方邀约的时间先后
以及片酬高低。

从某个时期起，树木希林就不再从属于任何艺人事务所，都是自己通过传真和电话接活儿，并自己交涉片酬之类的事情。一般认为，演员演戏就已经十分辛苦繁忙，肯定需要助理和事务所，但对于工作和接戏，树木希林原本就不喜多想，作风大大咧咧。她曾坦言道："我在接戏时，单纯看拍摄方邀约的时间先后以及片酬高低。"

早在年轻时，她便是这种处事风格。1976年，应杂志《妇女公论》的邀请，她在该杂志的连载专栏"异性恳谈"中，与男演员山城新伍对谈。其间，她便已公开表示"自己在选择接戏时，单纯看拍摄方邀约的时间先后以及片酬高低"。可见，这是她终生未变的工作风格。

事实也的确如此——对于自己在出演的影视作品的演员表中的先后顺序之类，她从不介意。有一次，制片方甚至在演职人员表中漏掉了她的名字，据说当时她的好友——歌手江利智惠美告诉了她此事，结果她满不在乎地说："没关系，没关系。低调点儿挺好。"

而树木希林之所以能出演多部受观众青睐的影视名作，除了她的精湛演技之外，或许还缘于她那不喜算计、淡泊虚名的活法。

WORDS OF KIRIN KIKI

22

正确定位，方能成长

我从不对自己的外貌感到自豪，
但身体发肤受之父母，
因此我也从未对其厌恶嫌弃。

前面也提到,树木希林当年前去报考"文学座"剧团的附属话剧研究所时,应考者将近1000人,其中不乏俊男美女,结果树木希林因为"耳朵好"而被录取。

在那个普遍认为"女演员必须是美女"的时代,她曾坦言:"知道自己的姿色不符合女演员的标准。"可凭借在圈子里的长期努力,她演技日益成熟,被誉为"圈内独一无二的女演员"。至于为何能做到这一点,树木希林后来感言:"从很早起,我就学会了正确看待和分析自己,这成了我人生的宝贵财富。"

此外,对于自己的外貌,树木希林说:"我从不对自己的外貌感到自豪,但身体发肤受之父母,因此我也从未对其厌恶嫌弃。"树木希林在如此正视和接纳自我的基础上,再思考自己能做什么、该做什么——正是这样的思维方式,成就了"树木希林"这位日本影视界独一无二的老戏骨。

可见,唯有正确把握自己的定位,方能在人生的前进道路上迈出正确的一步。

WORDS OF KIRIN KIKI

23

不过度期待，不骄傲自满

在我看来，主角和配角的差别，
只是台词数量和片酬的多少而已。

在影视圈，原本的"主角专业户"一旦开始演配角或反派，一些人就会视其"过气失宠"。但树木希林对这些毫不在乎。就拿她出演的第一部电视剧《七个孙子》来说，她演的就是被人"召之即来"的女用人。而在实际演艺生涯中，她亦是如此来者不拒——从年轻时起，不管是电视剧还是广告，她都会接拍。

那时日本的影视圈不同于如今，对于演员，有"演舞台剧一流，演电影二流，演电视剧三流，拍广告四流"的说法。而树木希林对此从不纠结和在意，无论拍什么，无论演什么角色，按照她的说法，"只要有助于还房贷"，她就乐意接活儿。因此对她而言，所谓主角和配角的差别，只是台词数量和片酬的多少而已。

一个人若是太过执着于曾经的荣誉和辉煌，便无法超脱或求变。反之，若是像树木希林这样对自己不抱有过度期待，也不因骄傲自满而纠结他人对自己的评价，那么作为演员，就不会产生诸如"必须当主角""不想跑龙套"之类的想法。而她曾坦言，"这正是自己的优势"。可见，心态平和，接受现实——这便是树木希林不变的人生态度。

WORDS OF KIRIN KIKI

24

以世间为乐

让大家大吃一惊,
这正是我和节目组的目的。
我一直记着"人生人生,游戏人间"这句话。

"人生人生，游戏人间"这句诗出自和歌集《梁尘秘抄》，该书收录了日本平安时代后期所流行的诗歌，反映了当时的世相。这首诗的全文是"人生人生，游戏人间；游童欢闹，摇曳吾心"。

一般对此诗的解释是，作者看见嬉笑玩闹的天真孩童，感觉自己已然遗忘的童心亦被唤醒，从而心生作为成人的感慨。不过对大部分人而言，第一句"人生人生，游戏人间"的节奏也好，意义也好，最令人印象深刻。

1977年，树木希林作为嘉宾，参加某个电视台的一档特别节目。其间，主持人对她说："请您卖点儿您的东西。"结果她以当场竞拍的方式，卖掉了自己的艺名"悠木千帆"，改名为"树木希林"。对于演员而言，自己的艺名最为珍贵，可她却在节目上突然就卖掉了它，这让周围人愕然。可她自己却毫不在意地说道："让大家大吃一惊，这正是我和节目组的目的。"

日本知名和歌诗人俵万智也曾在自己的著作中写道，"当结束了一天的工作而疲惫不堪时，'人生人生，游戏人间'不失为对这一天的诙谐讽刺的点评"。而对树木希林而言，人生在世，重要的是"以世间为乐"。

WORDS OF KIRIN KIKI

25

获奖不骄，没奖不妒

在我看来，
奖项是颁奖方的好意，
而作为接受方的候选者或获奖者，
则大可不必为之费心劳神。

2005年，树木希林因为出演电影《半自白》而获得了日本电影学院奖的最佳女配角奖。自那以后，她接连斩获奖项。比如，2007年她因出演电影《东京塔：我的母亲父亲》而获得日本电影学院奖的最佳女主角奖。

对于许多演员而言，电影奖项是自己职业生涯的勋章。也正因为如此，有的演员会极度纠结是否得奖，甚至觉得"凭什么这个奖不颁给我？！"，从而嫉恨他人。而树木希林则不同，她曾说，在拿了奖后，自己并不会情绪激动，只是觉得："（这个奖）给我吗？那不好意思了"，仅此而已。在她看来，颁奖只是影视圈吸引人眼球的一种活动而已，作为在聚光灯下工作的艺人，自己也应该"与众人乐"，这便是她出席颁奖典礼领奖的理由。

而在年轻时，她常年与各种奖项无缘。但在看到其他演员得奖时，她也只是淡淡觉得："（某某人）得奖了，真不错"，除此之外，并无其他情绪和想法。而她这份平常心，哪怕在后来变成"得奖专业户"后，依然未曾改变。

WORDS OF KIRIN KIKI

26

莫纠正错误，要盘活错误

若是去纠正错误，那错误就是错误；
而若是让它为己所用，那就能盘活错误。

当在工作等方面犯错时，绝大部分人的反应或是慌忙修正，或是偷偷隐瞒。但树木希林则不同——比如在盖房和装修时，她会事先拜托建筑设计师："若是施工时出现错误，在处理之前，请先告知我一声。"至于其理由，是因为比起返工或修正，她更希望"盘活错误"。

在她看来，若是犯错后去纠正错误，那么错误就止于错误。反之，若是能让既有的错误为己所用，即"盘活错误"，则亦是一件趣事。对于自己的容貌，树木希林也曾自嘲地说道："我正是因为一直在想办法盘活这个'错误'，才能在圈子里干到今天。"如今，演员会因个性鲜明的容貌而受好评，可在她刚出道时，对于女演员，日本影视圈的"颜值要求"十分严苛，甚至连演女佣的演员都必须漂亮，因此对于她口中的所谓"容貌错误"，当时是不被容许的。

在那个时代，"算不上美女"的树木希林之所以能在出演的作品中让观众印象深刻，正得益于她那"盘活自身外貌"的思维方式。总之，对于自身的缺点和缺陷，人往往趋于纠正或隐藏，而事实上，唯有接受它们、盘活它们，人方能成长。

WORDS OF KIRIN KIKI
27

敢言问题，方得信任

不是美人，
怎么可能拍成美人？

前面也提到，树木希林不但出演许多电视剧和电影，还接拍过大量广告，并因在广告中给观众留下强烈印象而出名。比如在磁石理疗器 PIP ELEKIBAN 的广告中，她与该产品生产企业的董事长横矢勋的互动大受好评。对此，树木希林感叹，由于横矢董事长并非演员出身，因此这种"与外行之间'没有事先串通'的即兴表演的效果很好"。

而更令人印象深刻的，则要数当年她为富士彩色胶卷拍的广告。在广告中，她与另一名女演员岸本加世子合作，她扮演来照相馆照相的客人，岸本女士扮演照相馆的店员。按照初版的广告剧本，面对来店的树木希林，岸本女士的台词是"（用富士彩色胶卷），美人能拍得美，不美的人也能拍得美"。对此，树木希林提出异议，认为这句台词不合理。

树木希林就是这样的人——无论对方是谁，只要自己觉得有问题，就会直言不讳。反观大多数人，无论是在工作还是其他场合，哪怕心里觉得"不合理""有问题"，往往也会因为怕这顾那而欲言又止。可这样一来，便无法解决问题，从而无法得到好的结果。而在上述广告的拍摄中，多亏树木希林敢于指出问题，最终诞生了那句当年大火的富士彩色胶卷广告台词——"能拍出美人的美，其他人亦能拍出自己独特的美"。

WORDS OF KIRIN KIKI 28

有话别忍着，但要上保险

我从不认为："有些话还是忍住不说为妙。"
如果有想法，还是应该说出来。

树木希林很喜欢看房产信息杂志和与房产有关的广告传单。有一次，她从东京乘坐新干线去冈山。在新干线列车上，她一直在埋头看房产广告，直至到站下车时，她才发现身旁坐着的演员花泽德卫在以惊讶的眼光看着她。她拥有多套房产，看房买房简直就是她的嗜好。至于其理由，亦十分符合她的作风。

她曾坦言："我这人容易和别人吵架，所以有一天肯定会因为得罪人而接不到戏。为了到时有饭吃，我得备点儿房产，到时候靠收租过日子。"

的确，从年轻时起，树木希林就以"敢言"而出名。哪怕是自己戏份很少的影视作品，若是受到了不公正的评价，她还是会忍不住找到评论者本人，向其道明"这部电影本来就是这样的主旨和设定"。曾有一次，由于她直言不讳地指出某个电视台的节目导演的问题，该导演因此被调到新闻部。无论对方是谁，不存在"忍住不说为妙"的话，在该说时，还是要直说——这便是树木希林的信条。反观大多数人，很多时候即便想说什么，最后也会忍住不说。而为了贯彻自己敢于直言的作风，树木希林还通过房租收入给自己"上保险"——这也是她的过人之处。

WORDS OF KIRIN KIKI

29

莫悔恨过去，应思考将来

坏就坏，好就好，
不必为之一忧一喜。

即便过去已无法改变，也仍然有不少人对木已成舟的过去悔恨懊恼。反省过去的失败的确有必要，但如果不能从过去的事情里走出来，且影响当下生活，则是极不理想的。

京瓷公司创始人稻盛和夫先生曾说："在充分反省了失败之后，就要对其遗忘。"唯有如此，人才能迈出全新的一步。再说回树木希林，她出演过许多电影和电视剧，可几乎从不回看自己出演过的影视作品，并曾坦言："拍完的剧本从来不留。"

她还笑谈道："与其回看剧本，不如翻阅房地产信息杂志。"对她而言，出演过的影视作品已是过去式，因此"坏就坏，好就好，不必为之一忧一喜"。

不仅限于自己出演过的电影和电视剧，树木希林对待人生，亦是如此。她从不说"要是当时那么做就好了"之类的话。不悔恨过去，一切皆是自因自果，应思考将来怎么做——这便是树木希林的活法。她认为，人生在世，不要去悔恨过去发生的事，"接下来的日子怎么过"才是重要的。

WORDS OF KIRIN KIKI

30

转换视角,把"不好"变为"好"

对于身上发生的所谓"不好",
我都不会让它们成为"不好"。

人一旦上了年纪，随之而来的包括黑发变白发、真牙换假牙等，这些总给人一种"由好变坏"的衰败感。但在树木希林看来，这都是女演员的"资产"。

她认为，头发既然变白，就该好好利用，假牙亦是如此。在接拍《记我的母亲》《步履不停》等电影时，她主动向导演提议道："我难得装了可拆卸的假牙，要不在我演的老妇角色身上加个戴假牙的情节？"于是，电影里便有了她取假牙和洗假牙等片段。

据与树木希林交情颇深的女演员浅田美代子回忆，当时在片场看到这一幕后，她对树木希林说："我从没见过有演员演（取下假牙）这一幕的，你这招够绝！"结果树木希林满不在乎地回应道："非常真实吧。"然后二人大笑。大多数人眼中的所谓"不好"，对树木希林而言却是"该好好利用的素材"，从而为她的表演增光添彩。可见，对于普遍被认为的"不好"，只要试着转换视角，"不好"就能变为"好"。

WORDS OF KIRIN KIKI

31

非自己的戏份，亦要理解

不要在自己的台词上做记号。

女演员田中丽奈当年和树木希林合演电影时，树木希林曾对她说过这样的话。田中女士后来回忆时坦言："我一直铭记着这句话。"

二人首次合作是出演广告。在拍摄过程中，树木希林故意说即兴发挥的诙谐之语，且认真观察田中女士的表情，并提醒她"你在皱眉"等，试图让当时表演经验尚浅的田中女士精神放松、表情自然。打那之后，二人私交甚好。而在后来合演电影时，看到田中女士习惯在台词本上给自己的台词画线画圈做记号，树木希林便如自言自语般轻声提醒道："不要在自己的台词上做记号。"

田中女士后来感言道，这是许多演员的做法，可一旦在自己的台词上做了记号，就会觉得："只要记住自己的台词就行了。"

前面也提到，树木希林之所以当年被"文学座"剧团的附属话剧研究所录取，是因为她的"耳朵好"。所谓"耳朵好"，意思是"哪怕是别人的台词，她也认真聆听"。而在看台词本时，树木希林不仅理解自己的台词，也努力理解别人的台词，并在此基础上表演。田中女士还说，在得到树木希林的上述指正后，她便总是不断提醒自己"做记号的话，树木希林会生气"，并由衷敬佩树木希林是一位了不起的演员。

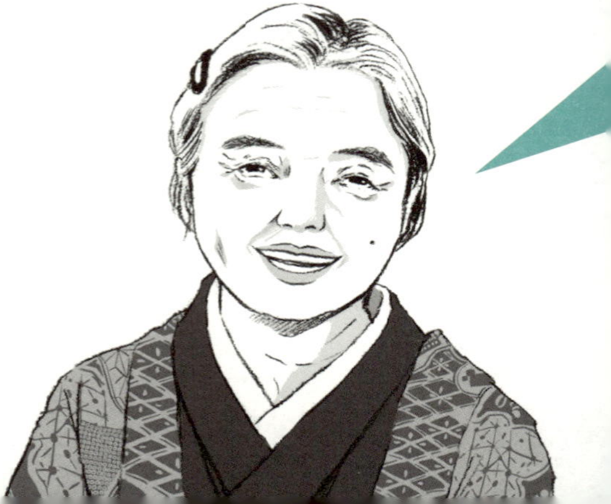

第三章 与人共处的活法

WORDS OF
KIRIN KIKI

WORDS OF KIRIN KIKI

32

如实接受自己与他人

我只会觉得"这个人原来是这般性格啊",此外再无其他想法。

心理学家阿尔弗雷德·阿德勒曾指出："归根结底，一切烦恼皆来自人际关系。"因为人生在世，包括工作在内的方方面面，"靠独自一人"能成立的可谓少之又少。换言之，世间绝大多数的事情和活动，都需要人与人的互动或协作。

也正因为如此，人际关系变得非常麻烦，让人为此产生诸多烦恼。但树木希林却认为，哪怕对于一般被认为"一地鸡毛"的家人关系，她也明确表示"自己从不隐忍或勉强自己"。

就拿她的女儿也哉子来说，她嫁给了演员本木雅弘。对于这位女婿，树木希林曾直言道："我与他性格完全不同，且不太了解他。"但她也说："不知不觉中，一家人和睦了。"至于其理由，她曾坦言："我只会觉得：'这个人原来是这般性格啊'，此外再无其他想法。"换言之，对于他人，她如实接受。

有句话叫"你无法改变昨天和别人，但你能改变明天和自己"。而树木希林不但不想去改变别人，也从不打算改变自己。"对方如此存在，所以如实接受"——这便是她对待人际关系的理念。

WORDS OF KIRIN KIKI

33

拼命努力生活，方能过得精彩

我觉得女人有一大适应性——
只要不断忙碌，
就不会展现出令人讨厌的一面。

在与丈夫内田裕也结婚后不久，树木希林便与他分居，因此二人的女儿也哉子是由树木希林独自抚养长大的。当时，她没有雇保姆或请帮手，而全靠自己搞定。

至于其理由，她曾坦言："假如我没钱雇保姆，那是另一回事。我在赚钱，而我当时之所以不雇保姆，只靠自己，是想做一个'工作完后筋疲力尽地回到家，却依然会亲自给女儿做饭'的母亲。如果做不到这一点，我觉得自己就算好好演戏也无意义，因此当时努力做个'超级妈妈'。"

独自抚养孩子长大十分不易，但在树木希林看来，"这才是真正的育儿"。此外，她还说道："我觉得女人有一大适应性——只要不断忙碌，就不会展现出令人讨厌的一面。"

有句古话叫"小人闲居为不善"，而树木希林则感叹道，由于自己当时实在非常忙碌，因此"没有耍心眼子的闲工夫"。

总之，人一旦用尽自己的精力，不要说要阴谋诡计，就连心生杂念的时间都不会有，而如此拼命努力生活之人，方能度过精彩纷呈的人生——这便是树木希林的思维方式。

WORDS OF KIRIN KIKI 34

若欲求善缘，先改变自己

如果觉得自己周围尽是讨厌鬼，
就要明白"物以类聚"的道理。

在日本，以出云大社为代表，有不少"结缘神社"，许多人为了结缘而去参拜。说起"结缘"，大家往往会想到"夫妻姻缘"，其实不仅如此，参拜者祈求的还包括家人亲戚关系、工作同事关系等方面的人缘。

在职场中，人们总希望和值得尊敬和心地善良的人共事；在生活中，人们总希望和值得一辈子相处的人成为朋友或夫妻。这样的期许十分正常，但树木希林的看法有所不同——她认为，"机缘乃水到渠成""一切取决于心态"。

她还曾说道："如果觉得自己周围尽是讨厌鬼，就要明白'物以类聚'的道理。这种'同类相吸'或许就是所谓的缘分。"

古人云："近朱者赤""人以群分"。自己所交往的人，会影响到自己；而自己周围所亲近的人，往往与自己相似。按照树木希林的说法，整天说自己另一半各种缺点的人，到头来其实是在批判自己的缺点。要想被人爱，唯有先成为一个值得被爱之人，即先要自我成长、自我磨砺。只要这么做，最终便能自然促成善缘。

WORDS
OF
KIRIN
KIKI

35

决不逃避，敢作敢当

自己做的事，就要负责到底。

树木希林的女儿内田也哉子与演员本木雅弘于1995年结婚，当时也哉子19岁。近几年，"结婚只登记，不办仪式"的日本人开始增多，但在自己女儿当年要结婚时，树木希林建议举办结婚仪式。

按照树木希林一贯的作风，她应该不拘泥于这种形式的东西才对。但对于结婚仪式，她认为这是夫妇对全社会的广而告之，是表明责任的重要手段。

此外，在新娘装扮的细节方面，树木希林还对也哉子提了一个意见。一般而言，新娘的结婚礼服要搭配日式传统发型，所以头发需要盘起来。但当时也哉子一直是一头蓝白挑染的头发，所以她以"日式传统发型和黑发更搭"为由，打算染回黑色，但树木希林否定了她的想法，理由是"自己做的事（指的是把自己头发挑染成蓝白色。——编者注），就要负责到底"。

树木希林曾说，自己每次看到电视台播放政治家、企业家或艺人在记者见面会上当众谢罪的情景，就会觉得"要谢罪道歉就要发自内心，不然就不要谢罪道歉"。

无论做了什么，无论是谁，只要是自己做的事，就要负责到底。她认为，这种敢做敢当的品格，人人都应具备。

WORDS OF KIRIN KIKI

36

看人看优点，莫纠结缺点

我努力发现对方的优点，
所以对方也努力向我展示自己的优点。

树木希林与第一任丈夫岸田森离婚之后，1973年与摇滚歌手内田裕也结婚，可二人婚后不久便分居。不仅如此，1981年，内田还曾单方面提交离婚申请，而树木希林以"无效离婚"为由提起诉讼，并最终胜诉。在旁人看来，二人的夫妻关系真是不可思议。

即便二人同住时，生活也绝对算不上和谐。当时，他们家附近的五金店老板就曾告诉树木希林一个令人脊背发凉的消息，他说："你丈夫为啥老是来买菜刀啊？"至于不选择与丈夫内田分道扬镳的理由，树木希林曾解释道："我们彼此被吸引到'不可救药'，他对我是这样，我对他也是如此。所以我们无法分开。"

对于自己的丈夫和男性朋友，树木希林希望他们"拥有明确的梦想和志向"。虽然如今这样的日本男人在减少，但她说："自己周围还挺多。"至于原因，她说道："因为我努力发现对方的优点，所以对方也努力向我展示自己的优点。"

一般而言，别人如果在努力寻找自己的优点，自己当然不会故意暴露自己的缺点给别人看。可见，看人要看优点，而莫纠结缺点。如此一来，自己周围的人自然都是优点很多的人。

WORDS OF KIRIN KIKI 37

知道相处难,方能变成熟

维持婚姻也好,决定分手也罢,
都会伴随着痛苦。
但我认为,人生在世,这样的经验很重要。

前面也提到，树木希林结过两次婚，离过一次婚，还和第二任丈夫对簿公堂，并在法庭上做出了"继续这段婚姻"的选择，因此她势必深知结婚和离婚的麻烦和痛苦。可即便如此，她依然劝自己的女儿也哉子"趁年轻时尽早结婚"，并建议她举办结婚仪式。

的确，步入婚姻殿堂后，随之而来的除了甜蜜，还有许许多多的辛苦和不易。夫妻关系、子女关系、亲戚关系——无论是否情愿，夫妻二人都不得不"深陷"这些复杂的人际关系之中。而在决定离婚时，伴随而来的又是一堆麻烦事以及精神上的痛苦。但树木希林认为，受伤、烦恼、忧愁——这些都是使人成熟的必要经验。

她还曾说："我喜欢曾经一度坠入颓废痛苦深渊的人。"至于其理由，是因为曾经颓废痛苦的"过来人"才懂别人的痛苦，也知重新振作的不易。人一辈子碰到的问题几乎都与人际关系有关，而正因为如此，那些一直刻意回避与人产生瓜葛的人，是无法获得成长的。树木希林之所以在面对婚姻等复杂关系时知难而进，便是因为坚信"这些都是人成长所需的经验"。

WORDS OF KIRIN KIKI 38

子女并非父母的"门面"和装饰

我觉得,自己的孩子只要会读、会写和会计算,并且有朋友为伴,便足矣。

树木希林于 1976 年产下女儿也哉子。当时的她 33 岁，忙于演艺事业，先后出演了《到时间了》《寺内贯太郎一家》《MU 一族》等人气电视剧，并与丈夫内田裕也分居。

不仅如此，她也好，她丈夫也好，都会时不时地发表一些引发争议的言论，甚至做出一些不寻常的行动。换言之，同为娱乐圈艺人的这对夫妻，可谓一直走着"在圈内引发争议"的路线。大众看来，二人绝对称不上"模范夫妻"。即便如此，在育儿方面，树木希林却拥有自己坚定的理念，她曾坦言："我觉得，自己的孩子只要会读、会写和会计算，并且有朋友为伴，便足矣。另外，我不懂怎么在思想文化等方面教育孩子，所以唯有保证不让她饿肚子。"

不少家长对自己的孩子期望过度，热衷于让孩子上各种培训班、学各种技能。而在树木希林看来，这等于是父母错把子女当成自己的"门面"和装饰，其背后是一种寻求自我满足的心态。如果把自己的子女当成"门面"和装饰，当然会在不自觉间将其与别人的子女相比较，从而扬扬得意或灰心丧气。作为家长，其实只要保障子女的生活必需，至于教育，"哪怕父母不教育，社会也会予以教育、促其成长"——这便是树木希林的育儿理念。

WORDS OF KIRIN KIKI 39

和无聊的日子说再见

由于世间变得太过乏味,
所以我觉得内田裕也这样有意思的人很
不错。

树木希林与歌手内田裕也于1973年结婚。当时的她作为圈内的"个性派女演员"，正值演艺事业顺风顺水的时期。由于出演的电视剧《到时间了》大火，她的活儿多到根本接不过来。

可后来她坦言，当时一想到"自己就这么重复相同的日子直至六七十岁"，便不禁深感绝望。

她还说道："当时每日重复的工作和生活着实让我很厌倦，无论雨天还是晴天，无论世间局势如何变化，我内心都觉得枯燥。无论拍戏还是生活，我都失去了梦想和目标，只是过着无味的日子而已。"

而就在那时，她与内田裕也邂逅了。说起个中机缘，当时与树木希林一同出演《到时间了》的演员中，有一位是影视歌三栖明星堺正章，与他当时同属"蜘蛛乐队"的釜萢弘来片场探班，而釜萢弘当时顺便带了一名摇滚圈内的同行前来，此人便是内田裕也。那时，内田身上散发着摇滚人那种放浪不羁的"气息"。树木希林在第一眼看到内田时，便觉得"如果和这人在一起，生活应该不会单调乏味"，所以后来决定与他结婚。

果不其然——与内田生活不但不乏味无聊，简直是"日日无法安稳平静"，但树木希林对此并不抱怨，她曾感叹道："多亏有他（够我忙活），我才不会无聊到误入歧途。"

WORDS OF KIRIN KIKI **40**

发现才能，成就他人

凡是与我有缘的人，
我都希望他们能闪闪发光、活出精彩。

2021年5月31日，在第30届日本评论家电影大奖的颁奖仪式上，浅田美代子（因电影《晨曦将至》获得最佳女配角奖）穿着"恩人"树木希林的和服登场，在发表获奖感言时，她说道："作为演员，能得到这个奖，我十分开心。"

浅田最早因在电视剧《到时间了》里饰演女帮工而收获了人气，并在当时作为年轻的影视歌偶像，活跃在娱乐圈。但在电影方面，她一直没有自己的代表作。为此，当年与她一起出演《到时间了》的树木希林特意为她量身定制了电影《38岁的伊丽卡》，甚至还为她选定了该电影的制作人和导演。而在自己因病住院后，树木希林依然在为此事操心。

树木希林曾坦言："早在浅田还是年轻偶像时，我就和她关系很好。我一直希望她能有自己的电影代表作。"这便是《38岁的伊丽卡》开拍的契机。而树木希林并非只为浅田如此出力，树木希林曾说："凡是与我有缘的人，我都希望他们能闪闪发光、活出精彩。"

演艺年龄较长的演员，往往具备能够发现其他演员才能的"伯乐眼力"，而树木希林不止于此，她还憧憬于"成就他人"的事业。而她成就的人才之一，便是浅田美代子。

WORDS OF KIRIN KIKI 41

巧用言语之力

言语可以伤人,也可以给人以幸福。

2009年，在接受某杂志的采访时，树木希林谈到"言语的神奇"，并讲述了一个自己身边的真实故事。

树木希林当时有个将近100岁的姑姑，她的丈夫不到60岁就去世了。临死之前，丈夫对她姑姑说："我让你这辈子受苦了。"树木希林说，姑父生前爱寻欢作乐，外面女人不断，这使得姑姑甚至一度想带着自己的孩子投河自杀。可丈夫上述的临终遗言，让姑姑彻底原谅了他。

在得知此事后，树木希林感到言语的重要——多年共同生活的夫妻之间，往往是一地鸡毛，但如果妻子有时能说点儿丈夫爱听的话，丈夫有时能说点儿让妻子宽心的话，便能维持关系和睦。

"言语可以伤人，也可以给人以幸福"——明白了此道理的树木希林，在被诊断出癌症后，曾叫来丈夫内田裕也，并在他面前跪坐致歉道："你对我大概有诸多不满，我在此向你道歉。"而每每碰到圈内同行时，她也会对自己过去言行中的不当之处表示歉意。

的确，言语可以伤人，也可以给人以幸福。也正因为如此，树木希林悟到"必须巧用言语"。

WORDS OF KIRIN KIKI

42

既然不可控，便不必烦恼

我诚心诚意与对方沟通，
如果对方不予理解，那也没关系。

先后曾为日本读卖巨人队和美国职棒大联盟的纽约洋基队效力的知名棒球手松井秀喜的信条之一是"自己不可控的事就不要劳神费心,努力做好能做的就行"。当年刚加入美国职棒大联盟时,状态不佳的他一直未能打出本垒打,因此被媒体嘲笑为"滚地球之王"。但他认为"媒体评论非自己可控",所以不去在意,而是一步一个脚印地持续努力。结果媒体对他的印象逐渐改观,最后还喜欢上了这位加入美国职棒大联盟的日本球员。

前面提到树木希林的丈夫内田裕也经常惹事,因此她曾一度被女性周刊等杂志的"狗仔队记者"追着跑,这让她十分恼火。对此,内田曾开导她道:"记者也是人,和他们好好沟通不就行了?"当时树木希林不以为然,回应道:"我怎么可能和他们这些家伙好好沟通!?"但最终她还是想通并释然了,于是感叹道:"我诚心诚意与对方沟通,如果对方不予理解,那也没关系。"

人能改变自己,却很难改变别人。因此自己能做的唯有尽量以诚待人,至于剩下的不可控因素,大可认为"已不是自己的问题"。

WORDS OF KIRIN KIKI

43

己之死状，示于儿孙

若能实际感受"何谓死亡"，
便能懂得如何好好活着。

从很早时起，树木希林就公开表示："自己将来会和女儿的家人们一起住。"至于其理由，她解释道："虽然独自生活自由轻松，但通过和自己的女儿、女婿和孙子辈共同生活，在自己临终之际，他们便能更加刻骨铭心地面对我的死亡。"此外，在谈及演员的使命方面，她亦曾感叹："演艺人员为社会发挥的重要作用之一，或许是'向未曾目睹死亡的人展示死为何物'。"

人死，尤其是家人之死，当然是令人悲痛之事。但在树木希林看来，人若能尽早目睹身边之人的离世，从而实际感受到"何谓死亡"，便能学会认真地"活在当下"。而她自己真是这么做的——在临终之前，她的女儿也哉子、女婿本木雅弘和孙子孙女们都在她身旁。当时，在英国长大的也哉子的 8 岁小儿子玄兔用英语说："妈妈，没关系。哪怕姥姥身体没了，她的灵魂还会一直陪着我们。"听了此话的也哉子，顿时悟到了自己母亲如此安排的意图。

树木希林认为，通过目睹身边亲人的死亡，人便能懂得"过好独一无二的每一天"有多么重要。

WORDS OF KIRIN KIKI

44

在临终之际,念对方的好

我觉得自己现在能说:"和丈夫的邂逅,是我宝贵的人生财富。"

前面也提到，树木希林1973年与内田裕也结婚，但二人在同一屋檐下的生活并不长久。据树木希林后来回忆，当时她听到隔壁邻居抱怨道："(树木希林)那户人家每晚大吵大闹，真是不让人好好休息。"可见二人共同生活时的矛盾之激烈。

但当丈夫提交离婚申请时，她却坚决不同意。在旁人看来，这真是令人费解的夫妻关系。可在树木希林步入晚年时，有一天，夫妻二人闲聊间，内田感慨："还好没和你离婚。"听了这句话的树木希林后来感叹道："我觉得自己现在能说'和丈夫的邂逅，是我宝贵的人生财富'。"

在树木希林看来，所谓理想的夫妇，是"彼此在临终之际，能念对方之好"的夫妇——比如在弥留之际，能说出"他（她）那家伙，是个温柔的人"等。对于自己与内田几十年的婚姻，她坦言："曾经也觉得恐怕是在蹉跎岁月"，但同时她也认为——正因为有这样的矛盾和纠葛，二人之间才保持了"绝妙"的平衡关系。

WORDS OF KIRIN KIKI

45

一味指责，并无意义

我喜欢日本人的一大传统美德：
不管是否自己的错，姑且先开口道歉。

日本人常说，外国人在碰到问题或矛盾时，哪怕自己有错，也不会轻易说"Sorry（对不起）"。树木希林对此十分不解，在她看来，一味指责对方，是毫无建设性的行为，什么都解决不了。

就拿她自己来说，和内田裕也的婚姻，使她卷入各种风波。在二人结婚之前，她还清了内田欠下的所有债务；在婚后，面对内田从熟人那里借的新债，她登门拜访还清，还低头求对方"请不要再借钱给我丈夫"。另外，夫妇二人刚结束首次合演广告后，内田就被警察逮捕。当时，她还请来记者，召开记者见面会。

明明是她丈夫闯的祸，她却说："这样一味指责丈夫，也无济于事"，于是独自揽下了一切。而在晚年时，她还反过来对内田"谢罪"："对于直至今日的种种，我对不起你。"后来从内田的朋友那里得知，树木希林道歉后的那天晚上，与该朋友一起喝酒的内田看起来甚为开心，于是树木希林十分欣慰地感叹道："我哪怕马上死，也能瞑目了。"

WORDS OF KIRIN KIKI **46**

步入社会才受挫,不如先在家中受挫

在社会上,别人可不会宠着你,让着你。

"人人皆知溺爱有碍于一个人的健康成长,但人人却又都乐意成为被溺爱的对象。"——这是心理学家阿德勒的名言之一。在溺爱中长大的孩子总希望"一切都围着自己转",但容许这种想法的环境只限于当事人的家庭内部,一旦步入社会,人就要面对严酷的现实。

树木希林当年在养育自己的女儿也哉子时,不但完全谈不上溺爱,甚至还会面不改色地对她做出在旁人看来只有"魔鬼母亲"才会做出的事情。就拿蛋糕等美食来说,树木希林会对也哉子说:"应该我先吃。"至于孩子喜欢的玩具之类,她也从不给女儿买。哪怕女儿央求道:"我的小伙伴们都有这个",她也会无视,并冷冷地说道:"别人和咱们没关系。"

至于如此对待女儿的理由,树木希林曾说道:"在社会上,别人可不会宠着你,让着你,任性是行不通的。""与其让女儿步入社会后才受挫,不如让她先在家中受挫。"——这便是她的育儿理念。而这使得也哉子后来成长为自理能力极强的人。当她还是高中生时,便自己前往大使馆,申请去瑞士留学。

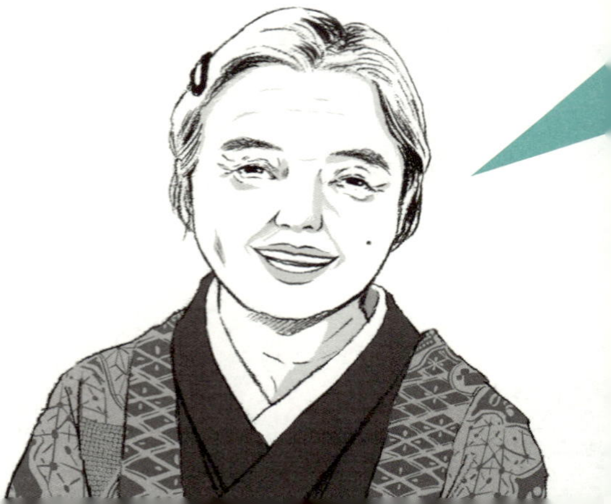

第四章　与物共处的活法

WORDS OF
KIRIN KIKI

WORDS
OF
KIRIN
KIKI

47

莫弃物，应使其发挥作用

赠予他人，物尽其用。

树木希林以"所有物少"而出名。除了对投资房产有特别的执着外，她曾明确表示："漂亮的服饰也好，闪闪发光的昂贵首饰也好，自己都没兴趣。"因此她不仅不买多余之物，对于既有之物，她也采取"尽量少"的方针。

　　平时如果周围亲近的人夸她拥有的东西，比如"你的这个真不错"，不管是衣服还是什么，她往往都会把它赠送给此人。更令人吃惊的是她对奖杯的处置方式。她在各种电影颁奖典礼上获得了很多奖杯，这些可谓是演员的荣誉。而在被诊断出癌症后，每次获得这种奖杯，她都会犯愁道："这些奖杯既重又占地方，等我死后，子女处理起来也麻烦。"左思右想后，她竟想出了这样的处置方式——把奖杯改装成台灯，然后送给别人。

　　上述奖杯也好，身上的衣服等也好，别人说好，她往往就赠予他人。至于其理由，她说："赠予他人，物尽其用。"说起"断舍离"，给人的第一印象常常是"舍"，即"抛弃""扔掉"。但树木希林重视的是"让物品尽量发挥最大的作用"，即"物尽其用"。而将物品赠予他人，亦是一种物尽其用的方法。

WORDS OF KIRIN KIKI

48

与其拥有大量物品，
不如提升审美能力

我觉得，

比起花钱购物，

不如花钱提升自身审美能力。

前面也提到，树木希林虽为女演员，但对于服饰之类，她一直贯彻"能不买就不买"的原则，哪怕对内裤亦是如此——当年她姐夫去世后，她姐问她："我丈夫还有一些生前从未穿过的全新内裤，你家人要吗？"而树木希林答道："全给我。"可见她多么节约。

对于自己的女儿，她亦是如此。从女儿也哉子小时候起，树木希林就只给她买过内衣和袜子之类，就连T恤，都是把大人尺码的T恤在肩部缝褶后给她穿。对孩子而言，大人的T恤实在太长。为此，也哉子通过把下摆扎起来或团起来等方法，努力穿出适合自己的样子。

有一天，剧组的服装道具师看到也哉子后，对树木希林夸赞道："您的千金很懂穿衣呢！"而树木希林由此确信："比起花钱购物，不如花钱提升自身的审美能力"。

换言之，也哉子并非被动地穿上所给的衣服，而是思考"怎样穿起来舒适""怎样贴合自己的风格"，并为此努力发挥创意——而在此过程中，她的审美得到了提升。假如树木希林和许多家长一样，自己孩子要什么就给买什么，那就培养不出也哉子这种卓越的审美观。

WORDS OF KIRIN KIKI

49

不用讲究饮食，而应感谢

无论吃什么，都要细嚼慢咽，
吃完后要表示感谢。

有些人对平日饮食十分讲究，包括"吃什么""如何营养均衡"等。而在大众看来，艺人和演员肯定在这方面要求更高。诸如一天几餐、食物的质和量等，这些势必都是他们极为重视的。但树木希林并非如此——她基本不吃早餐，饮食时间基本集中在中午到晚上七八点这段时间内，她表示："自己随性而食。"

她还说道："我从不考虑某食物对身体是否有益，想吃啥就吃啥。"

听到此话，有人觉得："她真是胡来。"但她对此亦笑着打趣道："这是我唯一能坚持的饮食原则。"但她很注意一点，那就是"无论吃什么，都要细嚼慢咽，吃完后要表示感谢"。

当然，她承认，自己吃过的不可能尽是合口味的美食，其中也有令她难以下咽的食物，但即便碰到这种情况，她也决不抱怨"难吃"，而是细嚼慢咽，以感恩之心吃完。至于其理由，她解释道："这样才能被人体充分消化吸收。"

如今，许多人都重视饮食质量，但树木希林认为人们更应该对食物表示感谢。

WORDS OF KIRIN KIKI

50

房产和土地并非"自有",而是"借用"

房产也好,土地也好,许多人就觉得因为自己买下了,那就完全属于自己。
但其实都是从地球借用的而已。

"自己只是替社会暂时保管财富。"——这是热衷于慈善活动的富豪们的普遍想法。就拿美国的"慈善事业之父"安德鲁·卡耐基来说,他是从贫穷的移民者成长为了"富一代",但获得成功后的他认为:"自己盈余的财富等于信托资产,自己有用好它们的义务。"鉴于此,他生前一直在摸索"如何让自己的财富为社会发挥最大作用"。换言之,在他看来,自己只是替社会暂时保管财富,有钱人有义务把赚来的钱正确地反哺社会。

再说回树木希林,前面提到,"看房产信息杂志"是她的一大爱好,据说她在东京都内拥有将近10套房产。人在购置房产、土地或购买商品后,心生"这是我的私有物"之类的"我执"可谓是人之常情,而在被诊断出癌症后,她渐渐觉得:"自己的身体也好,房产、土地和物品也罢,皆是从地球那里暂借之物。"从此,她就去除了物欲,悟到了"诸行无常,诸法无我",从而明白了"早晚要还""且用且珍惜"的道理。

WORDS OF KIRIN KIKI 51

贯彻"买得起却不买"的方针

明明买得起却忍住不去买，
是相当需要毅力的。

由于经济拮据而哀叹："自己没法给孩子买喜欢的衣服和玩具"，这自然令人心酸，但树木希林的情况则不同。她的女儿也哉子回忆道："小时候，母亲从未给我买过漂亮衣服。"可见，树木希林不但自己在服饰方面贯彻"极简主义"，能不买就不买，就连对自己的女儿亦是如此。

也哉子还说，母亲给自己买过的衣服只有参加红白喜事等活动所必备的正装，剩下给她穿的几乎都是她母亲的同事不要的旧衣服。甚至在她小学换新版校服时，校方允许学生可以穿旧版校服上学，所以树木希林就没有给她订新版。也哉子大概觉得这实在太难为情，所以当时拿出自己存的零用钱，申请订制了新版校服。对此，树木希林的熟人替也哉子打抱不平道："(你女儿)这样太可怜了"，但直至也哉子结婚，树木希林一直贯彻这样的育儿理念。

后来，也哉子感叹道，在物质过度丰富的时代，贯彻"买得起却不买"的方针非常不易。但树木希林一直坚持"自己的原则和活法"，不在乎旁人的眼光和想法。而这种言传身教，也让也哉子懂得了"人该如何活着"。

WORDS OF KIRIN KIKI 52

追求实用之美

在日常生活中,
我追求的是"实用之美",
虽然不知道这算不算得上"美"。

"民艺运动"的发起者柳宗悦发现寂寂无名的工匠给庶民制作的生活器具亦有新价值——它们拥有"实用之美",即"朴素而不加修饰的美感"。换言之,它们虽无艺术品般的华美,但具备作为器具的功能性和实用之美。

前面也提到,她不雇用经纪人和助理,自己安排工作日程,自己开车,要坐新干线或飞机时,也是独自乘坐地铁等轨道交通前往火车站或机场。所以她和大多数普通人一样,经常使用公交月票卡。

有一次,冬天穿着皮草的她,发现衣服上没有放月票的口袋,于是她拜托皮草店给她在衣服的右胸口处缝个口袋。面对这前所未闻的改衣要求,皮草店拒绝了。结果她自己动手,在皮草外衣上缝了个口袋。不仅如此,对于自己那些没有口袋的外衣,她都做了同样处理。

虽然树木希林谦虚地说:"不知道自己这种风格算不算得上'美'",但她也强调:"这种符合需要且方便易用的风格可谓是'实用之美'。"换言之,比起牺牲功能而单纯追求视觉上的华丽,树木希林更中意具备功能性且不加修饰的美。

WORDS OF KIRIN KIKI

53

物尽其用，不必多买

物品越多，越为其所累。
反之则轻松愉快，
打扫房间时也能迅速搞定。

某家工厂曾提出"零垃圾"的目标。起初其对策是对废弃物进行细分,然后增加垃圾的回收利用率,从而努力减少最终的垃圾产生量。而过了一段时间后,相关负责人发现,与其管理"垃圾分类"这个"出口"层面的问题,不如把关"入口"层面的问题,比如在采购部件等环节努力杜绝过度包装等现象。实际结果也证明,要想减少垃圾的最终产出,减少垃圾的源头输入确实是上上之策。

树木希林正是上述把关"入口"之策的践行者,且在此基础上,她也对"出口"进行了细致的管理。

她曾说道,熟人不要的东西,若是她觉得能用,就会要来,然后努力做到物尽其用;而在贯彻"尽量不买东西"的"极简主义"的基础上,对于实在磨损到没法穿的衣裤,她会用剪刀把它们裁剪成擦地的抹布等。通过彻底实践这种"尽量不买东西""尽量减少垃圾""努力物尽其用"的方针,她做到了"一周就能整理完所有东西搬家"的程度。

在生活中,许多人会不自觉地持续增加物品,结果造成"不知什么该扔"的烦恼。若能追本溯源,努力践行"不增加物品"的生活方式,那么就连"断舍离"都不需要了。

WORDS OF KIRIN KIKI

54

不收礼，需毅力

对于别人的送礼之举，
只有我搞得像吵架一样拒绝。
我当然明白，欣然收下要简单得多。

树木希林不喜浪费，在生活中也尽量做到"不购买或拥有不需要的东西"。不仅如此，无论是别人在中元节和岁暮时节登门送或邮寄的礼物，还是接受采访或谈正事时对方赠送的糕点之类的伴手礼等，她都一律不收。至于其理由，是因为自己根本吃不完，而且包装纸等也是多余的垃圾。她拒收的态度十分坚决，以至于有时像吵架一样。

比如有一次，树木希林和某位电视节目制作人一起吃饭，当时正值年末，在离店之际，饭店的老板特意给她送上新年小礼物，而她语气坚定地回绝道："我不需要。"或许该老板觉得送出手的礼物被回绝没面子，于是"别这么说，请您收下""我真的不需要"这样的对话在二人之间反反复复，让旁人看着都不知所措。

其实树木希林自己也明白，自然是欣然收下简单轻松。这样表面上算是领了对方的好意，然后背地里扔了就行，但她无法接受这种无谓的浪费。为此，有时就会发生上述那种像吵架一样的情况。但为了贯彻"杜绝浪费"的信念，我们就需要这样的决心。

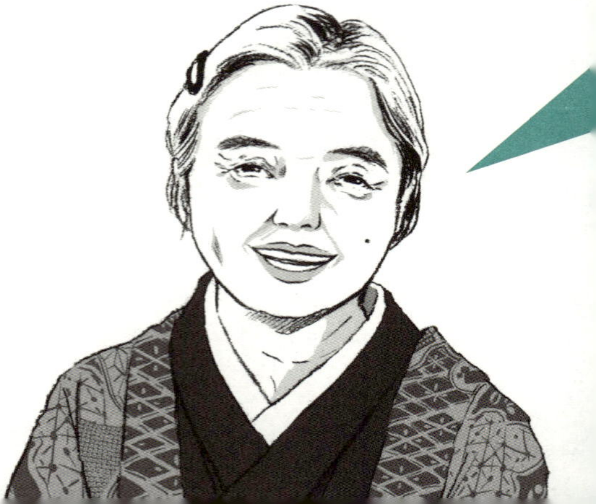

第五章　与老共处的活法

WORDS OF
KIRIN KIKI

WORDS OF KIRIN KIKI

55

感恩有事做,努力去生活

最近,只要"今日有事做",
我就会心怀感谢。

树木希林在二三十岁时便经常出演电视剧和广告，之后也出演多部影视作品，与此同时努力抚养自己的女儿。身为影视圈内的老演员，她一直非常忙碌。2004年，她被查出患有乳腺癌，在接受手术治疗后，癌细胞发生了转移。之后，在漫长的抗癌过程中，她的人生观逐渐产生了变化。

2013年，在日本电影学院奖的颁奖典礼上，她公开宣布："癌细胞已扩散至她的全身。"第二年的某一天，她感叹："最近，只要'今日有事做'，我就会心怀感谢。"

她还说，好好完成上天赋予的"今日之事"，便是每天的幸福，而通过如此积累，到了人生终点，自己便能感到充实，觉得"自己充分发挥了作用、燃烧了自我"。

总之，关键要懂得事无大小，感谢"上天让自己今日有事可做"，并决不偷懒怠慢，全心投入，尽力而为。这便是幸福，也是"活在当下"的应有态度。

WORDS OF KIRIN KIKI

56

莫在意年龄，应活出自我

在人生后半段，
我还能接受采访，
这证明我是有福之人。

纵观娱乐圈的演员、歌手和艺人等，多数往往在某个时期人气爆棚、通告不断，之后曝光率渐渐降低，再经过一段时间，比如题为《××艺人的如今》的报道就会见诸报端和网络。这些逐渐远离头条热搜的演员、歌手和艺人，有的会在网络世界或家乡坚持开展事业活动，有的则会因为上了年纪而平静地度过余生。而当他们去世时，好久未关注他们的媒体又会一阵骚动，电视等媒体也会集中重播他们生前的电影、电视剧、电视节目或演唱的歌曲。有的受众也因此重新认识到他们的才艺和卓越之处。

从这一点来看，树木希林的确特别——直至去世之前，她一直活跃于银幕，这样的演员实属少见。作为演员，大概树木希林自己也明白"演员持续受到关注和好评有多难"，因此有一次接受杂志采访时，她感叹："在人生后半段，我还能接受采访，这证明我是有福之人。"

至于认为自己"有福"的理由，她说道，在被查出癌症后，她不再在意世间的所谓常识和思潮，比如"人到了这个年纪就该这样"等。换言之，或许正由于她不与别人较劲儿，努力活出自我，她才能一直活跃在影视圈的第一线，直至离开人间。

WORDS
OF
KIRIN
KIKI

57

面对衰老,坦然接受

我从未有过阻止年龄增长和衰老的念头。

《寺内贯太郎一家》是树木希林出演的电视剧代表作之一，她在剧中饰演老太太。按常理来说，这样的角色应该由年龄相符的人来演，可当时 31 岁的她却接下了这个角色。对此，当时的媒体大众赞成和反对的声音各半。据她本人所述，因为之前出演《到时间了》令她较为疲惫，所以她觉得"演一个'大多数时间坐着'的老太太的话，自己还算吃得消"，这便是她决定出演的理由。

在树木希林看来，"老者方显人之妙趣"。她还说，在自己上了年纪后，她也一直以"俯瞰"的姿态，饶有趣味地观察自己的衰老过程。

比如，当发现自己长出白发时，她并不去拔，而是觉得："不用漂色就有挑染效果，真不错。"当自己听力下降时，她心想："原来这就是人们所说的'年老耳朵不好使'啊！"而当自己牙齿不好时，她发现"哦，咬不动硬东西了呢！"……换言之，对于自己身体的变化，她皆客观观察、坦然接受。

人一旦上了年纪，身体的各个部位和机能自然会退化。对此感到恐惧的人，会误以为"人是一成不变的"。而对树木希林而言，"衰老"既不可怕，也不可恶，而是"该来就来，坦然接受"之物。

WORDS OF KIRIN KIKI 58

拥抱衰老，以老为趣

如果能把自己的衰老变化视为趣事，
我觉得就算是一种较为理想的老去过程。

孩子变大人的过程，是一个"能做之前不能做之事"的成长过程；大人变老人的过程，则是"之前理所当然能做的事渐渐做不了"的衰退过程。

后者具体来说，比如努力回想某事却怎么都想不起来；本来轻松能上的楼梯却再也走不上去；不戴老花眼镜就再也看不清小字……总之，"自己做不了的事情"不断增加。

面对这种情况，有的人便会嗟叹："年轻时多好！""我现在连这个都做不了了啊！"……但树木希林则不同——她会饶有兴趣地想："咦？（我）连做这个都困难了呢"，即在"享受"自己身体的变化。比如，年老的确容易忘事，但在她看来，这种健忘也让自己摆脱了纠结"当时那么做就好了"之类的烦恼，因此亦不失为好事。

重要的是不要纠结往昔、执着过去，而应把自己的一切衰老变化视为趣事。树木希林认为，若能做到这一点，便是"一种较为理想的衰老过程"。

WORDS
OF
KIRIN
KIKI

59

衰老不是人的真实状态

在我看来,
在晚年展现自己的老态,
亦是老人的使命之一。

在电视剧《寺内贯太郎一家》中，树木希林饰演金老太。该电视剧中频繁出现一家人的用餐场景。在剧中，西城秀树饰演的孙子看着树木希林饰演的金老太的吃相，经常说的一句台词是"奶奶，您这吃相也太脏兮兮了"。

如今，父母＋子女的小家庭日益增加，曾经的三世或四世同堂已比较少见。对于许多孙子辈来说，自己的爷爷奶奶和外公外婆只是每年能见上一两回的长辈而已，因此几乎没有机会目睹他们逐渐衰老的过程。

或许因为如此，树木希林认为，不管自己因癌症去世的样子，抑或患上阿尔茨海默病而变得莫名其妙或茫然彷徨的样子，都有必要展示给身边的人看，从而让他们对衰老有鲜活的认知。

有一次，女演员浅田美代子来看望住院中的树木希林。其间，由于到了理疗的时间，医生对浅田说："请您回避一下。"结果当时已不方便说话的树木希林给医生递了张纸条，上面写着："她也是演员，让她看见没关系。"人并非只有美丽年轻的一面，展现自己的老态，亦是向周围的人展示人的真实状态，从而让自己的子孙和后辈获得成长——这便是树木希林的人生之道。

WORDS OF KIRIN KIKI

60

客观俯瞰老去和病患

我认为，
若是学会客观俯瞰，
那么无论做什么工作，
都不会被淘汰。

一代大师世阿弥（日本室町时代初期的猿乐演员和剧作家。——编者注）在自己关于能乐的理论著作中常常提到"离见之见"的概念。简单来说，其意思是演员要出离自身，站在观众的角度看自己。虽然在现实中，演员不可能分身为台下观众观看自己的表演，但对于自己的演技，演员应该予以客观审视。

据树木希林所述，当年她进入"文学座"剧团后，便养成了"俯瞰审视事物"的习惯。她还说，通过客观俯瞰自己和其他合演的演员和工作人员，便能清楚地明白该如何演好自己当时的角色。

至于自己为何能做到这一点，她坦露道，人若是极度喜爱表演，或是拥有"想完美展示自己"之类的强烈欲望，就会陷入自己的世界无法自拔；反之，自己因为对演艺并未执着到这个程度，所以会拥有非常客观的视角，从而做到与观众感同身受。

树木希林还指出，身为演员，不可自我陶醉，而应保持第三者的视角，不断审视自身。正是由于懂得俯瞰事物，对于身患癌症的自己以及逐渐衰老的自己，她都能予以客观审视。

WORDS OF KIRIN KIKI **61**

不追求"一时之美"

外表的美丽,只是一时性的东西。

据树木希林所述，从当上演员之初起，她就爱和人争吵。

与人争吵时，对方一般也会情绪激动。于是，此人最令人厌恶或竭力隐藏的负面特质就会徐徐显露。而在树木希林看来，这十分有趣，令她乐在其中。

她也明白，拥有这种奇葩性格的自己，绝对不是理想的交友对象，但同时她亦强调，"正因为有这种（喜欢研究人和较真儿的）性格，才适合吃演员这碗饭"。在她看来，但凡有点儿建树的女演员，多多少少都拥有上述性格特征。或许因为如此，在择偶方面，她总是对男演员们奉劝道："演技派的女演员无论长得多美，还是不要娶回家为好。外表的美丽，只是一时性的东西。"

的确，要维持外表的美丽绝非易事。据她所说，随着年龄增长，女演员需要的物品也会增多。从化妆品到各种健康食品，其价格和数量都十分惊人。但这或许就是"维持外表美丽"所必须付出的代价。但在树木希林看来，人真正重要的其实并非这一时性的"外表之美"，而是拥有正确的人生态度和活法。

WORDS OF KIRIN KIKI 62

想成为"面相温和且威严"的老太太

我认为,身为女人,要想拥有威严有德、和蔼的面相,就必须竭尽全力、燃烧自我。

树木希林曾说:"比起演艺事业,我对'如何成为心灵富足之人'更感兴趣。"可见,对于事业和名誉,她毫不执着,但却希望"成为心灵富足之人"。她还曾感叹:"面相温和且威严的老头儿不少,可面相温和且威严的老太太却不多。"

为了成为"面相温和且威严"的老太太,树木希林认为:"必须竭尽全力、燃烧自我。"她平日也的确在用心这么做。比如她之前不爱做家务,后来也开始努力去做,总之每天都活得十分认真和忙碌。在她看来,人一旦空闲,就会不知不觉心生杂念或做出错事,因此她特意购置多套房产,负担高额房贷,并主动帮忙收拾丈夫捅出的各种娄子。总之她故意让自己"没闲工夫唉声叹气"——这便是她所重视和践行的活法。

在旁人看来,偿还房贷也好,收拾丈夫捅出的各种娄子也好,都是辛苦麻烦之事。但对树木希林本人而言,燃烧自己、活得充实,可谓人生之幸。

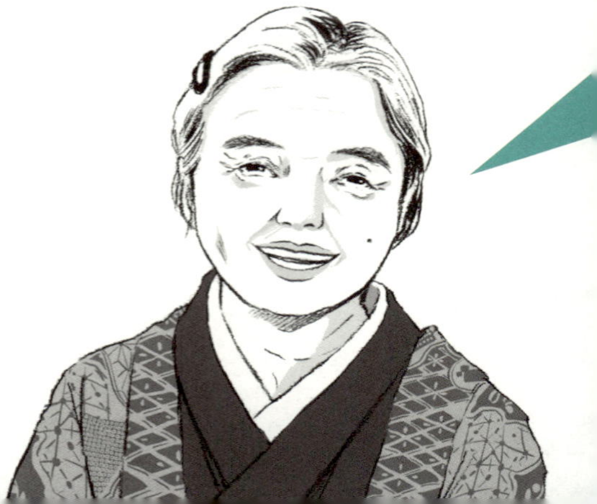

第六章

与病共处的活法

WORDS OF
KIRIN KIKI

WORDS OF KIRIN KIKI **63**

莫懊悔失去，应珍惜所有

之前我看得太清楚了，现在正好轻松点儿。

树木希林的过人之处在于，换作普通人势必愁眉苦脸、如临大敌的遭遇，她却尽量积极乐观地面对——在被诊断出癌症后，她便贯彻"与癌共存"的活法；2003年视网膜脱落时，她亦坦然处之。

当时医生告诉她："若不实施手术，百分百会失明。"但她却依然拒绝手术，最后左眼失明。对于该结果，当时她对自己的女儿也哉子感叹道："这样刚刚好。之前我看得太清楚了，现在正好轻松点儿。"

的确，尤其在观察人方面，树木希林之前的确"看得太清楚"。她自己曾说，一个人演员当久了，哪怕三脚猫的演技，也能逐渐拥有"识才"的能力。而她不仅能看出一个人是否有才能，还能预判此人将来"大概何时会江郎才尽"。前面提到，受知名演员森繁久弥的影响，她平时就注意观察别人，并擅于把观察所得通过自己的形体表演出来。

由于一直仔细观察人，自然就看人很准，这是树木希林通过演戏所得的才能之一。但也因为如此，她有时大概会由于"看人太清楚、太透彻"而增添苦恼。面对左眼失明的现实，她的上述积极反应或许源于此。总之，无论何时，都不要把事情看得太严重——这便是她的处世之道。

WORDS OF KIRIN KIKI 64

莫嗟叹病痛，应着眼益处

患了癌症后，我真的从中得了许多好处。

一旦得病，尤其是大病，多数人往往会唉声叹气，觉得"为什么就我这么倒霉……"，但树木希林则不同——2004年因乳腺癌接受了手术后，她从不嗟叹病痛，而是积极乐观地认为"得病亦有好处"。

据她所述，患癌后的自己，即便获得各类电影、电视的奖项，也不会招来圈内人的嫉妒；平时说话哪怕稍有口无遮拦的地方，别人也会宽宏大量，觉得"癌症病人不容易"。此外，周围人认为"（树木希林）不知明年还会不会活着"，于是都真诚待她。

而最令她庆幸之事，是当时被诊断出癌症后，原本定好与孙子孙女们同行的泰国普吉岛之旅被迫取消。结果，在他们原本计划出游的日子，竟发生了印尼苏门答腊岛大地震。换言之，导致她们临时取消出行的病魔，居然使得她的孙子孙女们免于被海啸所吞噬。

一旦得病，尤其是癌症，患者往往会非常痛苦，但在树木希林看来，癌症亦给了其直面自我、审视人生的机会。或许正因为如此，她才会乐天派般地说："患了癌症后，我真的从中得了许多好处。"

WORDS OF KIRIN KIKI

65

体尽其用，可谓福

我以前认为自己的身体属于自己。
现在我明白了，这种想法真是荒唐，
因为身体只是一时借用的东西而已。

年过 90 岁却依然作为"世界第一投资家"而活跃于世的沃伦·巴菲特曾说，人的身体是来自精灵的宝贵馈赠，是一个人"出生到死亡的灵魂载体"，因此对于肉身，应像保养汽车一样珍惜对待，否则要不了几十年，它就会变得破烂不堪。

正如巴菲特视自己的身体为"来自精灵的宝贵馈赠"一般，树木希林当年被诊断出癌症后，也开始觉得自己的身体是"暂借之物"。据说，对于年轻时以"主人"的姿态，草率对待自己身体的行为，她还对自己的身体表示道歉。此外，她还曾感言："和癌症打了这么长时间交道，我的想法也从'人终有一死'转变为'人随时会死'。不过一想到借用的东西能够还回去，便令我备感轻松。"

前面也提到，"杜绝浪费，物尽其用"是树木希林的信条之一。而对于自己的身体，她也认为"充实生活，体尽其用，方为做人之福"。

WORDS OF KIRIN KIKI

66

脱离"健康是好，疾病是坏"的二元论

正如万物有表里两面，
我认为凡事也都好坏兼具。

人一旦得病，尤其是像树木希林这样全身癌细胞扩散，大多数人往往会觉得自己不幸。对此，树木希林却断言道："若是简单粗暴地把健康视为好，把疾病视为坏，人生就会甚为无趣。"

她还感叹，"假如今天查出明天就会暴毙的急病，那的确令人困扰。但只要有一周时间准备身后事，那么我就不怕了。从这一点来说，癌症还算是照顾人的"。她还说，当想拒绝别人的委托或请求时，只要说"我患有癌症，所以顾不过来"，对方立刻就会予以理解。

当然，毕竟是癌症，对于患者本人而言，抗癌的过程依然是痛苦的，而树木希林则在努力发现癌症所带来的"好的一面"，比如"癌症的病理真奇妙""多亏了癌症，我悟到了许多"……

正如表面烤焦的吐司，如果把它翻过来，会发现其背面并无异样。所以说，对于事物，若是换个角度，我们就会有不同的发现。关键要脱离"健康是好，疾病是坏"的二元论思维，而应坦然接受一切，并认为疾病亦是好坏兼具。且在树木希林看来，唯有懂得这个道理，人才会真正变得坚强。

WORDS OF KIRIN KIKI 67

不弃明日，过好今日

我做好了随时离世的心理准备。
但人哪怕知道明日地球毁灭，
今日也必须种下苹果树。

"即便明天地球就要毁灭，我仍要种下一棵小苹果树"。这是 16 世纪的"宗教改革"核心人物马丁·路德的名言，在他的推动下，新教从天主教中分离了出来。

他的这句话被许多人引用，但后人对它的解读往往不涉及宗教改革，而是认为其主要包含两层意思：其一，莫追求短期的回报或成果，而应重视长远的希望和理想；其二，无论处境多么不利，也要努力做好自己当下力所能及之事。

再说回树木希林，在医生告诉她"你的癌细胞已扩散至全身"后，对她而言，需要做好的心理准备不再是"自己终有一死"，而是"自己随时会死"。由于剩下的时间不多，她觉得自己无法再揽下"需要肩负重大责任的工作"，但她也决不因此感到绝望，而是淡然地处理身边琐事，并日日努力完成被赋予的一般工作。

"我是已然进入'处理身后事'阶段的人，因此必须抱有责任感"——这便是她对"今日也必须种下苹果树"这句话的诠释。

WORDS OF KIRIN KIKI 68

自己处理身后事，
乃成人之责任

这样就没问题了，我就能安心离世了。

人们常说："离世者不要给家人和后代带来争夺遗产的矛盾。"但不少人又会觉得："自己只是平头百姓，这点儿财产不值得操心。"可纵观现实，据说包括房产在内，总估值在5000万日元左右的财产继承纠纷案例是最多的。也正因为如此，人在年老体衰之前，就有必要考虑财产的继承问题。而在这方面，树木希林可谓是正面榜样。

她拍过许多电视剧、电影和广告，因此拥有的资产较多。尤其是她名下的多套房产，若是不尽早做好与继承相关的准备工作，日后必然会产生大额的继承税。她的遗书是在2004年被诊断出癌症并接受完手术之后完成的。当时，在记者见面会上，她坦言："为以防万一，我趁自己还能动笔写字，已经处理好了继承事务，包括我的房子给谁、东西给谁。这样就没问题了，我就能安心离世了。"

前面也提到，树木希林曾说，癌症的"优点"之一，是"让患者有准备身后事的时间"。而她那么早就开始思考和准备继承之事，是缘于责任感，即她认为："自己处理身后事，乃成人之责任。"

WORDS OF KIRIN KIKI 69

消极的言语，
转换为积极的言语

不喊"好痛"，而说"好爽"。

松下电器创始人松下幸之助曾指出，无论处境多么艰苦，为了保持积极开朗，就连一句话的用语措辞，也应留心注意。

比如，他曾说道："要用'难处'一词来代替'受苦'。我曾有过第二天揭不开锅的日子，当时可谓是非常有难处，但不算受苦。"

虽然改变说法并不能改变现实，但能使人的心态变得积极开朗，从而激发努力的干劲。

再说回树木希林，据说在去世的两三个月之前，她依然拄着拐棍去熟人开的店里。虽然当时她的后背等部位相当疼痛，但她仍说"还是出去散散心好"，甚至还照样完成工作，可见她的精神力量和意志多么强大。

不仅如此，对于放疗导致的肩部刺痛等后遗症，在突然发作时，她不喊"好痛"，而说"好爽"。这或许给人"硬撑"之感，但若是换个角度看，亦可谓是"面对病痛，不悲不怨，坦然承受"。

总之，言语的确拥有奇妙的力量。

WORDS OF KIRIN KIKI

70

不逃不斗，与癌共存

"与病魔作斗争"是人们常用的说法，
但我却没有"与病魔作斗争"的记忆。
因为我压根儿就没和它斗争。

如今，包括癌症在内，不少身患重病的艺人会公开自己的病情。不仅如此，越来越多的人还在社交媒体上分享自己与病魔抗争的生活。而对于广大网友而言，若是与发布者患相同的病，自己便能获得鼓舞激励；若是发布者的忠实粉丝，自己便会为癌症患者加油打气。

而树木希林则不同——虽然她也宣布了自己癌细胞扩散全身的病情，但她从不使用"与癌抗争"之类的说法。对此，她曾坦言道："'与病魔作斗争'是人们常用的说法，但我却没有'与病魔作斗争'的记忆。因为我压根儿就没和它斗争。"

换言之，对待癌症，她的态度是"尽量与之自然共存"。生前，她曾一年去一次鹿儿岛的一家医院接受放疗。她的放疗时长较短，1天也就10分钟。只是在最开始时，她连续去了1个月。但这种治疗方式与其说是为了杀绝癌细胞，不如说是一种在抑制癌细胞过度扩散的前提下，尽量维持生活品质的"共存疗法"。一般来说，人在被查出疾病后，"为了根治而全力与病魔作斗争"的想法是人之常情。但在树木希林看来，不逃避、不斗争，巧妙地与包括癌症在内的疾病共存，方为人生之趣。

WORDS
OF
KIRIN
KIKI
71

不摆谱，活得洒脱

因为说了也白说。

大多数人一旦身体稍有不适，便会抱怨"疼痛"或"难受"。但树木希林的女儿也哉子曾说，自己母亲哪怕在遭受扩散全身的癌细胞的折磨时，也从未示弱地抱怨或叫唤过。

而在当年锁骨骨折时，树木希林亦是如此——当时她的锁骨骨折过了整整一年才好，女儿也哉子起初并不知情，只是觉得自己母亲身子骨似乎不灵活了。她长时间瞒着也哉子，直到有一天，她一时兴起，才告诉也哉子："其实我这里的骨头骨折了。"也哉子对此十分惊讶，问她："为什么不早说？！"结果她答道："因为说了也白说。"

不仅仅是癌症和骨折，还包括不让人省心的丈夫内田裕也——这些按理说都是树木希林的烦恼，但她却从不抱怨或诉苦。有人可能会觉得她是在死要面子硬撑，但其实并非如此。不说无意义的话，但也不执着和勉强，亦不绝望，而是抱着轻松的平常心——这便是树木希林所认为的"洒脱活法"。

WORDS OF KIRIN KIKI

72

接受死亡，才能懂得如何好好活着

患癌亦是一种福报。

我要珍惜一切，好好活着。

患病的经历，有时会改变一个人。就拿苹果创始人史蒂夫·乔布斯来说，他于2004年被诊断出胰腺癌，这让他一度做好了迎接死亡的心理准备。幸运的是，后来手术成功，使他延长了生命。但这段直面死亡的体验，促使他愈发认真思考"如何更好地利用自己有限的时间"以及"自己能给世人留下什么"，这使得iPhone和iPad得以横空出世。

树木希林在先后被查出乳腺癌和全身癌细胞扩散后，她积极地认为："（自己）患癌是有意义的。"她还说，在得知自己患癌后，她切实感受到"人生其实并不长"，并开始进行如下思考：

"患癌亦是一种福报，它让我明白，自己随时会死，且就在眨眼之间。我要珍惜一切，好好活着。"

换言之，癌症让树木希林对死亡有了强烈且清晰的认识，同时她还渐渐悟到"病痛归根结底亦是神之所赐"。因此她曾感言："自己不把事情看得太严重，且学会了以平常心生活。"

可见，接受死亡，才能懂得如何好好活着。

WORDS OF KIRIN KIKI

73

不说教，做自己就好

我似乎成了世人眼中有关癌症和死亡哲理的传道士，可我自己又没死过，又怎会懂？

随着艺龄的增长,不少艺人在不知不觉间便成了大众眼中的"意见领袖"。他们之中有演员、歌手、综艺人士等,虽然本行各不相同,但会作为电视专题节目的嘉宾,针对各种热点事件或新闻,在屏幕前阐述自己的意见。

树木希林在被诊断出癌症后,亦成了报纸、杂志等媒体的热门采访对象,邀请她讲述自己对癌症和死亡见解的机会也有所增加。但她并不抱着"单方面说教"的态度。据她女儿也哉子回忆,树木希林在晚年时曾感言道:"我似乎成了世人眼中有关癌症和死亡哲理的传道士,可我自己又没死过,又怎会懂?"

而在树木希林离世后,日本各出版社出版了不少有关她的图书,但她本人生前既未自己著书立传,也未曾有过"委托他人写书介绍自己"之类的想法(市面上有关树木女士的图书,或为别人写的评传,或为她生前访谈内容等的编辑整理。——编者注)。据自由撰稿人武田砂铁回忆,树木希林曾对他说:"我明明是最了解自己的人,但我并不想以口述等方式,请别人代笔写下我的故事和生平。"说这句话时,她那恬静微笑的面容,令武田印象深刻。可见,树木希林在人生路程上满怀自信、做好自己,但又不以说教的态度"教育"他人。

WORDS OF KIRIN KIKI

74

希望无论生与死,皆擅长

我希望自己的死法,
能获得女儿"上好"的评价。

树木希林的双亲皆于74岁去世。母亲死于胰腺癌，其父亲死于心脏病。二人发病后，皆在短短卧床大约1周后便驾鹤西游。对此，树木希林直言，当时自己心中感叹："我觉得父母这样很照顾子女，属于'上好'的死法。"

"上好"是她非常中意的词语。对于自己的人生，她亦曾感叹道："无人夸赞我，所以我就自己夸赞自己——我觉得自己的人生属于'上好'。"她还指出，若是认为自己的人生"上好"，就不会抱怨或不满；而哪怕身处诸事不顺的逆境，也能保持乐观向上的生活态度。

也正因为如此，对于自己的临终死法，她曾说："我希望我女儿也能给予像我给我父母那样'上好'的评价。"而事实也的确如她所愿——据她女儿也哉子后来回忆，树木希林最后"包括一举一动在内，皆一步步切实地朝着死亡迈进"，这让也哉子心生钦佩。

树木希林生前还说，"现在的人，对死越来越不擅长了"。而纵观她自己的人生，可谓"生与死，皆擅长"。

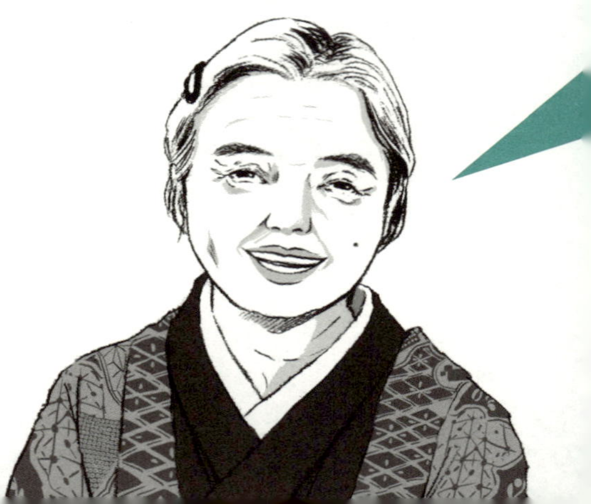

第七章 人生的要点

WORDS OF
KIRIN KIKI

WORDS OF KIRIN KIKI

75

短处亦可解读为长处

不善言辞之人,反而有机会学会倾听。
将自身短处解读为长处,亦是一种本事。

前面这句话出自树木希林写给一名大学生的回信。该大学生来信说："自己不善言辞，将来的目标一片空白"，而她在回信的开头写道："我小时候也是个沉默寡言的孩子。"的确，在孩提时，她几乎不怎么与人说话。

后来树木希林出演的电视剧《七个孙子》播放时，她家的邻居们都极为诧异，大家都认为："那个孩子怎么可能上电视？！"理由很简单——街坊邻居几乎从未听过她讲话，可见小时候的她有多内向。

但沉默寡言的性格却让她拥有了"擅于倾听他人""擅于观察他人"的特点。前面也提到，当年报考"文学座"剧团时，该特长成了她的闪光点。当时应考者将近1000人，而她最终被录取，便主要得益于她"耳朵好"（懂得认真聆听别人的台词）。

纵观其他行业和岗位，其实亦同理。就拿企业的销售员来说，但凡业绩优秀的销售员，其中能言善辩者反而占少数，较多的是懂得倾听客户话语的人。究其原因，或许是不少人生来不善言辞，所以取长补短，努力学会倾听。

总之，要把自己的短处视为长处，并努力提升自己的长处即可——这便是树木希林的建议。

WORDS OF KIRIN KIKI

76

不依赖他人，独立思考

什么？有的人会因为我说的话而得到救赎？
这属于"依赖症"。凡事要自己独立思考。

树木希林2018年离世后，电视、杂志等媒体争相介绍她生前的名言语录。许多类似于"树木希林名言集"的图书也相继出版，本书亦属于此类。

曾采访过树木希林的自由撰稿人武田砂铁曾说，对于言语，她可谓"高标准，严要求"——她厌恶单纯照搬那些陈词滥调，因此对自己的所言所语再三斟酌和打磨，同时她不采取单方面说教的态度，而由听者自由判断。

在公开宣布自己癌细胞扩散全身的病情后，各媒体纷纷向她发出采访之邀，请她围绕"衰老"和"死亡"之类的主题，谈谈自己的心得体会。对此，她反问道："我接受采访，有什么益处吗？"对方答道："有的人会因为您说的话而得到救赎。"而她回答道："什么？有的人会因为我说的话而得到救赎？这属于'依赖症'。凡事要自己独立思考。"

树木希林还曾指出，对于自己"想怎么做""该做什么"的问题，关键要当事人独立思考。有时求助一下他人亦无妨，但若是处于无人可求的情况下，则唯有靠自己想出路和对策。

WORDS OF KIRIN KIKI **77**

了解人性，乐于工作

"人会随着年龄增长而愈发成熟"的说法是大错特错的。从我自己的经验可知，腿脚等不便越多，牢骚抱怨就越多。

前面这句话出自树木希林写给一个年轻人的回信。该年轻人就读于某所福利看护职业学校，毕业后会进入老人福利院等护理机构工作。

据《论语》记载，孔子有云："六十而耳顺（耳顺＝能听言听劝，真诚接受别人的意见），七十而从心所欲，不逾矩（不逾矩＝能做到自控自律）。"换言之，孔子主张：随着年龄增长，人会愈发成熟，变得越来越好。但树木希林认为"事实并非如此"。

就拿上述写给某福利看护职业学校学生的回信那样，她并未在信中谈冠冕堂皇的大道理，比如"要向人生的前辈长者们多多学习"等。不仅如此，她反而指出"不要一厢情愿地以为前辈长者都是德高望重之人"，还辛辣地提醒道："从我自己的经验可知，随着年龄增长，腿脚等不便越多，牢骚抱怨就越多。"

的确如她所言，人并不会仅仅由于上了年纪就变成圣人君子。也正因为如此，我们要了解人性，乐于工作——这便是树木希林给那个年轻人的建议。

WORDS OF KIRIN KIKI

78

知人人有别，方能解人意

既有因日晒过度而枯萎之木，
也有因日光掩蔽而盛开之花。

前面这句话出自树木希林写给一个将来立志成为教师的年轻人的回信。

说到教师这个职业，人们往往会将其工作内容定义为"授业"。但在树木希林看来，教师的职责并不仅限于此，她还强调"陪伴关怀学生，与学生共同成长"的重要性。为此，她还指出，必须理解和践行《法华经》中的教义——"太阳也好，风雨也好，皆一视同仁地遍覆万物，但由于各草木性质不同，有的会茂盛生长，有的却从根部腐坏。既有因日晒过度而枯萎之木，也有因日光掩蔽而盛开之花。"

换言之，树木也好，花草也罢，品种各式各样，有的喜阳，有的厌阳；有的需要大量雨水润泽，有的则不然。同理，人亦是各有不同，即便用同样的方式教导，由于学生个体的学习方法和感受方式各异，因此并不会都成长为相同的人。

再说回上述回信内容，对于立志走上"教师"这个并不轻松岗位的年轻人，想必树木希林旨在提醒其在将来拿起教鞭后，要认识到"学生人人各异"这个重要前提。其实不仅限于教师，所有人都应明白该道理，即"知人人有别，方能解人意"。

WORDS OF KIRIN KIKI 79

不在意别人眼光，只努力活好自己

不骄傲自满，不与人比较；
本着平常心，活出精彩。

当年，在树木希林的葬礼仪式上，作为逝者家属代表的女儿也哉子向参加者介绍了其母生前对自己的若干要求，而前面这句话亦是其中的内容之一。

这些要求皆非能简单做到之事，而其中最难的就要数这"不与他人比较"了。树木希林生前曾说，自己小学时，每次参加校运会，成绩几乎一直都是垫底，即便她父亲因此数落她"丢人"，她也毫不在意。究其理由，她解释道："不是自己脑子不好，而是特意不去与他人比较。"在晚年时，她又对此感叹道："如今回想起来，自己这样（不与他人比较）是做对了。"

纵观绝大多数人，往往执着于拿自己和他人比较。而在演艺娱乐圈，这种风气更甚——诸如人气、报酬、奖项等，"和他人比来比去"可谓是艺人们难逃的宿命。但树木希林表示，对于自己出演的影视作品等，她会自我评价，但不会在意他人的评价。至于其理由，她说道："与他人比较，就会动摇自己的价值观"，这便是她贯彻"拒绝比较"的人生态度的原因。

的确，一个人若是一味在意和纠结别人的眼光和评价，就会心生"希望别人说自己好""希望自己在别人眼中显得好"之类的欲望，从而无法活出自己。对此，树木希林强调："不在意别人眼光，只努力活好自己。"这十分符合她的风格。

WORDS OF KIRIN KIKI

80

逼自己笑,驱散烦恼

心累时莫摆出心累的表情,
而要笑,要硬笑。

人在心累或愁苦时，往往会忍不住把这种负面情绪摆在脸上。而树木希林一贯强调道：即便在这种时候，也要"逼自己笑"。

她还拿自己小时候从井里打水的体验作比喻——那时候还是手动水泵，一开始哪怕不停用手按动加压，出来的也只有空气而已，此时要加启动水并持续按动，井水才会慢慢被抽上来，最后突然出水。

她说，人的情绪亦是如此。因此哪怕十分心累，她也不会摆出心累的表情。而是一边自己表扬自己："你很努力了"，一边摸摸自己的头，并努力露出笑容，同时出声地自言自语道："这样就好。"如此一来，虽然情绪上感到心累，本来不要说笑，都已经想哭了，但通过这种"逼自己笑"和表扬自己的方式，不快的情绪就会渐渐消散，之前僵硬的表情也变得柔和，最后变得能够真心地露出笑容。

总之，无论情绪如何，先要在表情和形式层面逼自己笑，而这种"硬装开心"的做法，最终真能达到忘却负面情绪的效果——这便是树木希林驱散烦恼的智慧心得。

参考文献一览

1.《树木希林：如此珍贵的我》
[日]树木希林著，朝日新书出版社

2.《一切随缘》
[日]树木希林著，文艺春秋出版社

3.《人老是天赐之福》
[日]树木希林著，集英社

4.《9月1日，接过母亲的接力棒》
[日]树木希林、内田也哉子著，中央公论社

5.《树木希林人生遗言一百二十则》
[日]树木希林著，宝岛社

6.《真心着迷》
[日]树木希林著，中央公论社

7.《树木希林的来信》
NHK《聚焦现代+》+《知信》制作团队著，主妇之友社

8.KINEMA 旬报杂志书《一直活在我们心中的树木希林》

KINEMA 旬报社

9. 周刊现代附刊《成人周刊现代》

讲谈社

附录　树木希林箴言

序号	箴言
1	若抱有"自因自果"的想法,便不会发牢骚和抱怨。
2	人生每日皆无常。一旦出现状况,只能接受和面对。为此,关键要认真踏实地过好每一天。
3	人生当然不可能如自己计划的那般顺遂。
4	幸福并非现成的,关键要靠自己找。
5	有自知之明,懂适可而止,亦是人生智慧。
6	要坚持独立思考,莫被所谓"世间思潮"左右。
7	有人说我可怕,大概是因为我了无贪欲。

(续表)

序号	箴言
8	通过"泳池赛跑"的经历,我明白了自己"不喜与他人比"的性格,以及"不必与他人比"的道理。
9	获得"优等生图章"后,有变得短视狭隘之虞,因此必须放松心态,学会多角度看待事物。
10	迷失目标的确是件痛苦的事。但在人生的转换期中,这样的经历亦是必要的。
11	你越是藏着掖着,别人越想窥视。反之,若是大大方方给别人看,别人便会就此打住。
12	一个人从生到死正常能花掉的金钱数额有限,因此大可不必盲目追逐。
13	正因为姿色一般,所以别人不会主动接近我,这使得我能够自由观察和判断别人。
14	若不扎根于地,花就不会盛开和凋谢。
15	我不认为"因为宣传方承担费用就可以铺张浪费",但若叫我不花宣传方的钱而自掏腰包,我也是不愿意的。
16	我其实并非寡欲,只是欲望与别人不同。
17	莫要贪得无厌,莫要不满,莫要偏执。
18	在我看来,但凡优秀之人,似乎皆注意观察别人。

(续表)

序号	箴言
19	我总是在思考:"这个角色为何会变成这样?这个角色曾在何种环境下成长?"
20	在我看来,演好"稀松平常的行为"反而困难。
21	我在接戏时,单纯看拍摄方邀约的时间先后以及片酬高低。
22	我从不对自己的外貌感到自豪,但身体发肤受之父母,因此我也从未对其厌恶嫌弃。
23	在我看来,主角和配角的差别,只是台词数量和片酬的多少而已。
24	让大家大吃一惊,这正是我和节目组的目的。我一直记着"人生人生,游戏人间"这句话。
25	在我看来,奖项是颁奖方的好意,而作为接受方的候选者或获奖者,则大可不必为之费心劳神。
26	若是去纠正错误,那错误就是错误;而若是让它为己所用,那就能盘活错误。
27	不是美人,怎么可能拍成美人?
28	我从不认为:"有些话还是忍住不说为妙。"如果有想法,还是应该说出来。

(续表)

序号	箴言
29	坏就坏，好就好，不必为之一忧一喜。
30	对于身上发生的所谓"不好"，我都不会让它们成为"不好"。
31	不要在自己的台词上做记号。
32	我只会觉得"这个人原来是这般性格啊"，此外再无其他想法。
33	我觉得女人有一大适应性——只要不断忙碌，就不会展现出令人讨厌的一面。
34	如果觉得自己周围尽是讨厌鬼，就要明白"物以类聚"的道理。
35	自己做的事，就要负责到底。
36	我努力发现对方的优点，所以对方也努力向我展示自己的优点。
37	维持婚姻也好，决定分手也罢，都会伴随痛苦。但我认为，人生在世，这样的经验很重要。
38	我觉得，自己的孩子只要会读、会写和会计算，并且有朋友为伴，便足矣。

(续表)

序号	箴言
39	由于世间变得太过乏味，所以我觉得内田裕也这样有意思的人很不错。
40	凡是与我有缘的人，我都希望他们能闪闪发光、活出精彩。
41	言语可以伤人，也可以给人以幸福。
42	我诚心诚意与对方沟通，如果对方不予理解，那也没关系。
43	若能实际感受"何谓死亡"，便能懂得如何好好活着。
44	我觉得自己现在能说："和丈夫的邂逅，是我宝贵的人生财富。"
45	我喜欢日本人的一大传统美德：不管是否自己的错，姑且先开口道歉。
46	在社会上，别人可不会宠着你，让着你。
47	赠予他人，物尽其用。
48	我觉得，比起花钱购物，不如花钱提升自身审美能力。
49	无论吃什么，都要细嚼慢咽，吃完后要表示感谢。
50	房产也好，土地也好，许多人就觉得因为自己买下了，那就完全属于自己。但其实都是从地球借用的而已。

（续表）

序号	箴言
51	明明买得起却忍住不去买，是相当需要毅力的。
52	在日常生活中，我追求的是"实用之美"，虽然不知道这算不算得上"美"。
53	物品越多，越为其所累。反之则轻松愉快，打扫房间时也能迅速搞定。
54	对于别人的送礼之举，只有我搞得像吵架一样拒绝。我当然明白，欣然收下要简单得多。
55	最近，只要"今日有事做"，我就会心怀感谢。
56	在人生后半段，我还能接受采访，这证明我是有福之人。
57	我从未有过阻止年龄增长和衰老的念头。
58	如果能把自己的衰老变化视为趣事，我觉得就算是一种较为理想的老去过程。
59	在我看来，在晚年展现自己的老态，亦是老人的使命之一。
60	我认为，若是学会客观俯瞰，那么无论做什么工作，都不会被淘汰。
61	外表的美丽，只是一时性的东西。
62	我认为，身为女人，要想拥有威严有德、和蔼的面相，就必须竭尽全力、燃烧自我。

(续表)

序号	箴言
63	之前我看得太清楚了,现在正好轻松点儿。
64	患了癌症后,我真的从中得了许多好处。
65	我以前认为自己的身体属于自己。现在我明白了,这种想法真是荒唐,因为身体只是一时借用的东西而已。
66	正如万物有表里两面,我认为凡事也都好坏兼具。
67	我做好了随时离世的心理准备。但人哪怕知道明日地球毁灭,今日也必须种下苹果树。
68	这样就没问题了,我就能安心离世了。
69	不喊"好痛",而说"好爽"。
70	"与病魔作斗争"是人们常用的说法,但我却没有"与病魔作斗争"的记忆。因为我压根儿就没和它斗争。
71	因为说了也白说。
72	患癌亦是一种福报。我要珍惜一切,好好活着。
73	我似乎成了世人眼中有关癌症和死亡哲理的传道士,可我自己又没死过,又怎会懂?
74	我希望自己的死法,能获得女儿"上好"的评价。
75	不善言辞之人,反而有机会学会倾听。将自身短处解读为长处,亦是一种本事。

(续表)

序号	箴言
76	什么?有的人会因为我说的话而得到救赎?这属于"依赖症"。凡事要自己独立思考。
77	"人会随着年龄增长而愈发成熟"的说法是大错特错的。从我自己的经验可知,腿脚等不便越多,牢骚抱怨就越多。
78	既有因日晒过度而枯萎之木,也有因日光掩蔽而盛开之花。
79	不骄傲自满,不与人比较;本着平常心,活出精彩。
80	心累时莫摆出心累的表情,而要笑,要硬笑。